Christine Freise-Wonka · Fotos von Stephan und Walter Thierfelder

Die Fränkische Schweiz

HEINRICHS-VERLAG GMBH
Bayerische Verlagsanstalt Bamberg

Ortsregister

1. Auflage 2003

Text: Christine Freise-Wonka
Fotos: Stephan und Walter Thierfelder, Christine Freise-Wonka (Seite 33), Carlo Schillinger (Seite 37)
Layout: Walter Thierfelder
Graphische Gestaltung: TypoDesign, Radebeul
Umschlaggestaltung: Jochen Gündel
Satz: Bayerische Verlagsanstalt Bamberg
Lithos: Kreisl, Repro + Satz GmbH, Hof/Saale
Druck und Bindung: Tagblatt-Druckerei KG, Haßfurt am Main
ISBN 3-89889-037-6
Printed in Germany

Bibliografische Information Der Deutschen Bibliothek
Die Deutsche Bibliothek verzeichnet diese Publikation in der Deutschen Nationalbibliografie; detaillierte bibliografische Daten sind im Internet über http://dnb.ddb.de abrufbar.

Inhalt

Oben links: Eine typische Fränkische Schweiz Landschaft. Darunter: Mühle im Püttlachtal. Links. Blick auf den Marktplatz von Forchheim. Oben rechts. Die Türme der Wallfahrtsbasilika Gößweinstein. Oben: Eisenbahnromantik im Wiesenttal mit Blick auf die Ruine Neideck.

Die Fränkische Schweiz: Eindrücke

„Denn Dein ist das Reich, die Kraft und die Herrlichkeit in Ewigkeit ...“. Es sind immer wieder diese Worte aus dem Vater Unser, die mir unwillkürlich durch den Kopf gehen, wenn ich auf den Felsenklippen der Burgruine Neideck stehe und ins tiefe Tal schaue. Wenn ich durch die bizarre Welt der Tropfsteinhöhlen wandere, wenn über einem murmelndem Bach eine Libelle schwebt oder wenn im fernen Dunst die Türme der Wallfahrtskirche Gößweinstein grüßen. Man braucht kein ausgeprägt frommer Mensch sein, um in diesen Worten einen Teil dessen bestätigt zu finden, was die Fränkische Schweiz ausmacht.

Es ist dieses überwältigende Naturschauspiel der schroffen, oft bedrohlich wirkenden Steinlandschaft, in die sich in tiefe Täler Bäche eingegraben haben. In ihrer Rauhheit wie geschaffen dazu, unberührt von Menschenhand zu sein. Und dennoch ist es der Mensch, der diese Landschaft mitgeprägt hat, dem es gelungen ist, ihr kleine Stücke abzuringen und eigenen Zwecken nutzbar zu machen. Für die Entwicklung großer Städte ungeeignet, wuchsen kleine Weiler im Tal und Burgen auf den Höhen. Die Fränkische Schweiz und ihre Menschen sind immer bescheiden geblieben. Im Einklang mit der Natur und in Dankbarkeit für das kleine Glück einer guten Ernte, eines vorübergegangenen Krieges, einer überlebten Pest.

„Was die Schweiz im großen gibt, findet man hier im verjüngten Maßstab, indem man es überschauen und als Bild er-fassen kann, statt dass in der Schweiz der winzige Mensch die Größe der Natur nicht zu sehen vermag und von den ungeheuren Felsmassen gleichsam erdrückt wird.“ So schreibt der Bamberger Heimatforscher Joseph Heller Anfang des 19. Jahrhunderts.

Es ist dieses Stück heile Welt in der Harmonie zwischen Natur und menschlicher Kultur, die immer wieder zu schwärmerischer Leidenschaft führt. *„Franken ist wie ein Zauberschrank. Immer neue Schubfächer tun sich auf und zeigen bunte, glänzende Kleinodien und das hat kein Ende. Wer Deutschlands geheimste, jungfräuliche Reize genießen will, muss nach Franken reisen.“* So schreibt der Romantiker Karl Immermann 1837 bei einem Aufenthalt in Muggendorf in sein Reisetagebuch.

Die Romantiker waren es denn auch, die dieses kleine Fleckchen Erde zwischen Nürnberg, Bamberg und Bayreuth „entdeckten“ und salonfähig machten. Das zuvor sogenannte „Muggendorfer Gebürg“ avanciert zur „Fränkischen Schweiz“, reiht sich ein in andere namensverwandte Mittelgebirge wie die nahegelegene „Hersbrucker Schweiz“ oder die „Sächsische Schweiz“ und kann gut damit leben, dass Theodor Fontane spöttelt, dass die Schweizen immer kleiner würden.

Romantiker von Rang und Namen kippen ihre Herzergießungen über die Felswände: *„... fliehe hierher in die romantische Landschaft und wenn die herrliche Aussicht auf jenen Felsen dein Herz nicht rühret, so werden dich diese majestätischen dunklen Gewölbe und die schauderhaften Abgründe der unterirdischen Grüfte magisch ergreifen und dich zum Bewußtseyn deiner Verwandtschaft mit der unschuldigen, schönen Natur zurückführen“*, so der Paläontologe Georg August Goldfuß 1810. Jean Paul sah zu Füßen der Burgruine Neideck gar den Weg „von einem Paradies ins andere“ führen. Wilhelm Heinrich Wackenroder, Ludwick Tieck, Victor von Scheffel und viele andere erwiesen der Fränkischen Schweiz die Ehre. *„Das Rauschen eines Waldes, ein Bach der vom Felsen fließt, eine Klippe, die im Tal aufspringt – es kann mich in einen Taumel versetzen, der*

fast an Wahnsinn grenzt", so Ludwig Tieck. Richard Wagner quälte sich in Albträumen unter schweren fränkischen Federbetten. Angeblich soll die Idee der Gralsburg im Parsival von der Gößweinsteiner Burg herrühren.
Doch zur Zeit der Romantik Anfang des 19. Jahrhunderts war die Fränkische Schweiz schon lange kein unberührtes Reisegebiet mehr. Die Popularität der Fränkischen Schweiz beruhte ursprünglich nicht auf ihrer Romantik, sondern viel mehr faszinierten die zahllosen Höhlen den Forscherdrang früherer Reisender. Schon 1490 wird erstmals die Sophienhöhle, vormals das Ahornloch erwähnt. Was immer man zu finden hoffte, magisch zog es Abenteurer in die Unterwelt des Kalksteingebirges. 1776 fand man in der Binghöhle Knochen, die auf Veranlassung des Markgrafen Alexander von Hohenzollern in einer Kiste verpackt nach London zur Untersuchung zu dem Arzt John Hunt geschickt wurden. Es handelte sich um Reste eiszeitlicher Höhlenbären. Nun begann die systematische Erschließung der Höhlen auf der Suche nach fossilen Knochen. Das Höhlenkataster verzeichnet heute über 800 Höhlen, Versturz- und Halbhöhlen. Damit gehört die Fränkische Schweiz zu den höhlenreichsten Gebieten Europas. Die Höhlen entstanden durch besondere Naturumstände. Ein eiszeitliches Meer bedeckte früher das Land. Als es sich vor circa 70 Millionen Jahren auf nahezu 30° C erwärmte, starben die Tiere. Ihre Schalen und Skelette bildeten am Boden eine Kalkschicht, die von Schwamm- und Korallenriffen durchzogen war. Durch Einlagerung von Magnesium verfestigten sich die Riffe zu hartem Dolomit. Als sich das Meer zurückgezogen hatte, wurde durch Niederschläge die weiche Kalkschicht nach und nach aus dem harten Dolomit ausgeschwemmt. So entstanden die schroffen, oberirdischen Felsformationen und durch unterirdisches Fließwasser großartige Höhlen. Von oben eindringendes Sickerwasser ließ dann über Jahrhunderte einzigartige Tropfsteine entstehen.
Diese Felsformationen waren hervorragende Verteidigungspunkte für die zersplitterten Ritterschaften, so dass nahezu auf jedem Grat eine Burg stand. Insgesamt waren es knapp 200. Davon sind heute noch etwa 150 erhalten, wenn auch meist nur als Ruinen. 35 werden noch bewohnt, zum Teil von den alteingesessenen Adelsfamilien. So schrieb resignierend der auf seiner Burg lebende Heimatdichter Max Freiherr von Aufseß: *„Eines der ältesten Überbleibsel sind die nach den Kreuzzügen, unendlichen Fehden und zwei Weltkriegen noch wenigen Überlebenden des alten Ritterstandes, die auf ihren dunklen, um einige Schuhnummern zu groß gewordenen Burgen, von niemandem beneidet, wie Uhus weiterhausen und die modrigen Kästen noch über den allgemeinen Weltuntergang erhalten zu können glauben."*
Schon immer war es ein Problem, die Fränkische Schweiz geographisch einzugrenzen. Joseph Heller schlug in seinem lesenswerten Reiseführer von 1829 einen Radius von 6 Stunden Fußmarsch rund um Muggendorf vor, von dem er meint: *„Die Gegend um Muggendorf, welche nicht mit Unrecht auch die Fränkische Schweiz genannt wird, ... macht fast einen Mittelpunkt Deutschlands aus."*
Wir wollen im vorliegenden Buch die Fränkische Schweiz im Westen an der A 73 beginnen lassen. Im Süden ziehen wir eine Grenze von Thurn nach Pegnitz, im Osten von Pegnitz über Creussen nach Bayreuth und im Norden dient die A 70 als Markierungslinie. Die Vorstellung der Sehenswürdigkeiten folgt nicht der in anderen Schriften üblichen Aufteilung nach Tälern, die immer das Zuziehen einer Landkarte nötig machen. Wir stellen die Fränkische Schweiz in vier Teilen anhand der Himmelsrichtungen vor.

Gößweinstein.
Blick auf die Burg.

Nach der Lektüre wird der geneigte Leser verstehen, was das neue „Fränkische Schweiz-Lied" mit seinen Versen meint:

„Kennst Du das kleine Paradies,
vom Himmel ist's gefallen.
Es liegt im schönen Frankenland,
wird hochgelobt von allen."

1745-48 lässt die Markgräfin Wilhelmine von Bayreuth einen Felsengarten in den Schluchten rund um die Burg Zwernitz anlegen. Als ihre Oberhofmeisterin das erste Mal diesen Felsengarten besuchte, soll sie gesagt haben:

„Ma foi, c'est sans pareil"
(Meiner Treu, das ist ohne gleichen)

Diese Worte möchte ich auf die gesamte Fränkische Schweiz übertragen und ihnen in den folgenden Kapiteln Inhalt geben.

Christine Freise-Wonka
Mai 2003

Eine Bilderreise durch die Fränkische Schweiz

Der große Maler und Zeichner Ludwig Richter, wohl der volkstümlichste Künstler seiner Zeit, berichtet am 17. August 1837 in einem Brief, nachdem er Rabenstein gezeichnet hatte und wegen eines Gewitters ins Quartier nach Waischenfeld zurückgeeilt war: *„Wie viel liebliches und schönes ich hier finde, kann ich dir gar nicht sagen ... Bilder in einem Karakter, wie ich ihn immer zu finden wünsche."* Über das Klaussteiner Bergkirchlein schreibt er: *„da sah ich das romantischste Bild, das man sich denken kann."* Die Zeichnungen, die er damals für das „Malerische und romantische Franken" von der Fränkischen Schweiz machte, sie zählen zu den ganz großen Kostbarkeiten der Spätromantik, da sie erstmals die fränkische Landschaft in ihrem romantischen Reiz und poetischen Stimmungsgehalt, voll Anmut und Sorgfalt zeigten. Richter, der „Liebling Deutschlands" wurde damals Wegbereiter für die zahlreichen, bald folgenden Bilder fränkischer Ansichten. Sein Anliegen war es, den letzten Abglanz einer versinkenden Zeit festzuhalten, mit der Idylle noch die heile Welt darzustellen, die damals schon rissig geworden war. Zu Richters Illustrationen schrieb der Coburger Archivar Gustav von Heeringen den Text, mit dem er einen „heiteren Leitfaden" für jene geben wollte, die „mit empfänglichen Herzen für das Schöne, das Land kennenlernen möchten." Über die Fränkische Schweiz schreibt er begeistert: „Sie ist schön, sehr schön, malerisch,

romantisch, wild und lieblich in reicher Abwechslung."

Sicher hatte an der Entdeckung der Fränkischen Schweiz und für den aufblühenden Fremdenverkehr die rasch zunehmende Verbreitung bildlicher Darstellungen der Landschaft durch Grafik einen wesentlichen Anteil. Damals war mit der Erfindung des Stahlstiches und der Lithographie die Möglichkeit geboten, größere Auflagen zu drucken, als beim vorher lange Zeit benutzten Kupferstich. Bald darauf wurde die Grafik von der Fotografie verdrängt. Sich von etwas „ein Bild zu machen", wuchs immer mehr. Dabei hatte die Fotografie damals den Vorteil der sofortigen Glaubwürdigkeit für den Betrachter.

Ein Bild ist etwas ganz anderes, als in Worten irgendwelche Daten zu vergegenwärtigen. Ein Bild kann mehr sein: ein Ganzes, eine tiefere Zusammenschau von greifbaren Fakten und unbegreifbaren Zusammenhängen; es kann zur gesamten Wirklichkeit führen.

Dieser Bildband sieht sich in der bildlichen Tradition der Fränkischen Schweiz, die trotz manchem fragwürdigen Tribut an das 20. Jahrhundert viel von der Ursprünglichkeit und Faszination erhalten hat, die das 18. und 19. Jahrhundert in seiner gefühlvollen Sprache einst beschwor. Uns Fotografen reizte es, unsere Begeisterung für die malerische und romantische Landschaft in die Bildsprache unserer Zeit umzusetzen, die vielfältigen Motive, die uns ansprachen und entsprachen, ins Bild zu setzen, so dass letztlich die Umrisse eines Gesamtbildes als Mosaik sich abzeichneten.

Was uns vor allem zuerst faszinierte, war einerseits die wunderbare harmonische Landschaft, andererseits aber die scharfen Kontraste von mächtigen Felstürmen und lieblichen Wiesentälern. Beim Fotografieren ging es uns darum, mehr unsere nuanzierten Beobachtungen, die Zwischentöne wiederzugeben, als plakative Klischeemotive.

Immer wieder waren es Bilder der Stille, Bilder einer beseelten Landschaft, die uns ansprachen. Welch eine Ruhe strahlen alte Mühlen aus! Sie, die Zeugen einer ehemaligen Kulturlandschaft, heute meist im Verfall, haben etwas Geheimnisvolles, Schicksalhaftes, Archaisches, Elementares. Vergänglichkeit rührt uns an. Wir

waren dem Romantischen, Malerischen da ganz nahe gekommen. Unsere Aufnahmen sehen wir als Abgesang, als Dokumente einer verschwindenden Kultur, die einmal für die Fränkische Schweiz wesentlich war. Noch in den 40er Jahren des letzten Jahrhunderts gab es 150 Mühlenanwesen, es ist abzusehen, wann

das letzte alte Mühlrad zerbrochen ist.

Da geht es den Burgen schon besser: Nirgends liegen Burgen so dicht in einem nicht allzu ausgedehnten Raum beisammen, wie in der Fränkischen Schweiz. Nach bisheriger Forschung wurden von Mitte des 11. bis zu Beginn des 18. Jahrhunderts 170 Burgen erbaut. Davon sind heute noch 39 bewohnt oder bewohnbar. Um etwas den gewohnten Fotoklischees dieses Themas zu entkommen, betonen wir meist Stimmungen. Um Informatives zu bieten, bringen wir Einblicke in das Ensemble zweier Burgen.

Was uns besonders am Herzen lag, waren Fotos von Ausblicken. Auf diese wird wohl in Wanderkarten und -führern hingewiesen, in Bildbände haben sie aber kaum Eingang gefunden. Die Rundschau von Aussichtspunkten ist oft überwältigend und ein unerwartetes Erlebnis. Der Blick über Waldmeere mit eingestreuten Feldern und Dörfern ist besonders im Herbst märchenhaft.

Zu kurz kommt manchmal der Besuch von Dorfkirchen. Dabei haben sie so manche Überraschung mit liebenswerten Kunstwerken zu bieten. Einige Kostproben davon gehen in diesen Band ein.

Noch ein kurzer Leitfaden für die Bilderreise: Sie beginnt mit der Herzzone der Fränkischen Schweiz, fängt bei Pretzfeld an, folgt der Wiesent und ihren Randzonen bis nach Behringersmühle und wechselt dann ins Püttlachtal bis ins Einzugsgebiet von Pottenstein. Eine kleine Kunstreise nach Nordosten, von Gößweinstein bis Gesees, kurz vor Bayreuth, zeigt beispielhaft, welche kunsthistorischen Kostbarkeiten hier zu entdecken sind. Anschließend wird die nördliche Hälfte, dann der südliche Teil der Fränkischen Schweiz dargestellt.

Von den Menschen der Fränkischen Schweiz können wir das Wichtigste nicht zeigen: Ihre stete Hilfsbereitschaft bei unserer Arbeit, ihre herzliche Teilnahme, ihre Offenheit und liebenswerte Freundlichkeit. Die Menschen haben viel Ursprüngliches bewahrt, so wie ihre Landschaft.

Stephan und Walter Thierfelder
Mai 2003

Die alten Mauern der **Mühle von Pretzfeld,** *der bröckelnde Putz, die morschen Türen, lassen die Schicksale von Armut und Reichtum, von Arbeit und Leid der Geschichte des Hauses erahnen.*

Pretzfeld, *an der Mündung der Trubach in die Wiesent gelegen, besitzt mit einem Schloss und der Kilianskirche zwei kulturgeschichtlich bedeutsame Baudenkmäler.*

Im Gegensatz zu den meist steinigen Äckern der Hochflächen ist der Talgrund der mäandernden **Wiesent** *fruchtbares Acker- und Weideland.*

Wie viele alte Mühlen, die ihren Mann nicht mehr ernähren konnten, wurde die **Mühle in Niedermirsberg** *restauriert und wird nun als Wohnhaus genutzt.*

Die **„Vexierkapelle"** *– Nikolauskapelle – auf dem Reifenberg, erhielt ihre Bezeichnung, weil sie Wanderer und Autofahrer dadurch irritierte, dass sie von jeder Seite betrachtet, einen anderen Anblick bietet.*

Die **Burg Feuerstein,** *im 20. Jahrhundert entstanden, ist eine weithin bekannte Tagungsstätte der Jugend. Der Würzburger Architekt Hans Schädel erbaute die moderne Kirche, deren großartige Glasfenster Georg Meistermann schuf.*

Bei **Streitberg** *gibt sich das Wiesenttal lieblich und dramatisch zugleich. Das Glanzstück ist die Burg Neideck; von der Streitburg genießt man einen faszinierenden Blick auf zahlreiche Felsen und den Aussichtspavillon. Die Hangwälder zeigen in ihrer Vielfalt im Herbst ihre besondere Farbenpracht.*

In der Nähe der „Tourismuszentrale Fränkische Schweiz" wartet **Ebermannstadt** *mit einem sehenswerten Überbleibsel vergangener Zeiten, einem Wasserschöpfrad an der Wiesent auf. Es soll aus dem Jahre 1606 stammen. Reich geschmückt ist das Ortsbild mit herrlichen Fachwerkbauten.*
Von Ebermannstadt nach Behringersmühle verkehrt von Mai bis September eine dampfbetriebene Museumsbahn.
In vielen Dörfern wird noch oft duftendes Bauernbrot aus alten Backöfen angeboten.

Ergreifend ist das Sterben eines Mühlrades bis ins Detail an der **Streitbergmühle** *zu erleben.*

Die St. Laurentiuskirche in **Muggendorf** *birgt eine kunsthistorische Rarität. Biblische Szenen zieren die Emporen; sie entstanden 1710 und wurden erst 1970 freigelegt. Abgebildet: Jakobs Traum von der Himmelsleiter und der Gang nach Emmaus. Das Triumphkreuz an der Empore zeigt den Gekreuzigten, über dessen ausgebreitete Arme Engel den Triumph des Erlösertodes anzeigen. Auf das Heilsereignis blickt gnädig Gottvater herab.*

Auf der gegenüber von Muggendorf gelegenen Höhe vermutet man seit Anfang des 19. Jahrhunderts eine keltische Kultstätte, und benannte das Waldstück „Esbach" bei Wohlmannsgesees deshalb **„Druidenhain".** *Nach einer Untersuchung der Steine 1989 durch Geologen der Universität Erlangen hält man es für möglich, dass verschiedene Steine von Menschen an ihre heutige Position gerückt worden sind. Auffällige Steine wurden bezeichnet: z.B. Taufstein, Grab mit Heilsrune, Opferstein oder Mondkalender.*

Der Ausblick vom höchsten Punkt des bizarren Burgfelsens von **Wichsenstein** *ist ein Beispiel für die überraschenden Aussichten, wie man sie in der Fränkischen Schweiz immer wieder antrifft. Auffallend dabei der Blick auf die ausgedehnten Waldungen, in die wie kleine Inseln Felder und Dörfer eingestreut sind. Die wunderschönen Rundblicke gehören zu den speziellen Charakteristika der Landschaft, die besonders lohnend sind.*

Die **Burg Gaillenreuth,** *bereits im beginnenden 12. Jahrhundert genannt, wurde im Laufe ihrer Geschichte mehrfach zerstört und umgebaut. Auf dem Bild sieht man die vordere Kemenate, dahinter befindet sich der Fachwerkbau des ehemaligen Jägerhauses, an dem sich die Schlosswirtschaft anschließt.*

Der **Rötelfels,** *ein Paradies für Felsakrobaten: An den steilen, manchmal überhängenden Felsen herrscht wegen den weitbekannten Kletterrouten oft Hochbetrieb.*

Das **Wiesenttal** *im Jahreslauf.*

Abendweide.

Das **Quackenschloss,** *sagenumwoben, ein Dolomitfelsen aus der Zeit des Jurameeres, ist eine skurrile, imposante Felsengruppe, in deren Mitte sich ein höhlenartiger Durchgang auftut.*

Wo heute die **„Weiße Marter“** *steht, zog im Jahre 1767 ein Metzger namens Otto Wich aus Kronach vorbei auf seiner Gelöbnis-Wallfahrt nach Genesung von schwerer Krankheit. Unerwartet sah er plötzlich die Türme der Wallfahrtskirche Gößweinstein. Dieser Anblick beeindruckte ihn derart, dass er gelobte, an dieser Stelle eine Gedenksäule zu Ehren der Heiligen Dreifaltigkeit zu errichten. Das Werk wurde durch den Bamberger Bildhauer Gollwitzer erschaffen.*

Vom Weg **„Vier-Täler-Blick“** *ergeben sich immer wieder neue Ansichten von der Burg und der Basilika Gößweinsteins.*

Tüchersfeld *gilt für viele Menschen als Inbegriff der Fränkischen Schweiz mit seiner Kombination von bizarren Felsen und hineindrapierten Gebäuden.*

Zwischen Tüchersfeld und Pottenstein idyllisch gelegen ist der Campingplatz **Bärenschlucht** *vor allem ideal für Kletterer, ragen doch die Kletterfelsen direkt gleich neben den Zelten in die Höhe.*

Die Fränkische Schweiz ist mit ihren 5000 verschiedenen Klettertouren prädestiniert für alle, die hoch hinauswollen, sie begeistert mit ihren romantischen Gewässern aber auch jeden Kajak- und Kanufahrer.

Das Herz der „Fränkischen“: Das Muggendorfer Gebürg

Die Seele der fränkischen Schweiz ist die Wiesent. Sie entspringt in Steinfeld und bahnt sich als schmales Bächlein in einem teilweise schluchtartigen Tal ihren Weg Richtung Behringersmühle. Ab Muggendorf weitet sie ihr Bett. Hier sind wir im Herz der fränkischen Schweiz, denn zunächst zog nur diese Gegend das Interesse auf sich. Anlass war ein Buch über die Höhlen rund um Muggendorf, das der Uttenreuther Pfarrer Friedrich Esper 1774 veröffentlichte. Es löste einen wahren Forscherwahn bei Wissenschaftlern in ganz Europa aus. Den Höhlenforschern folgten kurz darauf die Romantiker. Sie überschütteten das „Muggendorfer Gebürg“, wie die Gegend damals genannt wurde, mit ihren Herzergießungen und ließen in stillen Tälern und Burgruinen Feen tanzen. 1829 veröffentlicht der Historiker Joseph Heller einen Reiseführer, der zwar noch den Titel „Muggendorf und seine Umgebung“ trug, aber nun erstmals den Namen „Fränkische Schweiz“ prägt.

30 Jahre später durchwandert Viktor von Scheffel die Fränkische Schweiz. Seine offensichtlich überwältigenden Eindrücke schildert er in seiner Dichtung „Bamberger Domchorknaben Sängerfahrt“. Die Liebe zu dieser Landschaft veranlasst ihn außerdem zur Komposition des bekannten Wanderliedes „Ins Land der Franken fahren“.

„Willst Du einmal andere Menschen, andere Landschaft, kühle Berglust, groteske Felsen um Dich sehen, so empfehle ich Dir die Fränkische Schweiz: Kühle Wälder, zackiges Kalkgebirge, abenteuerliche Höhlen, ..., steile Burgen, kleine, aber behagliche Verhältnisse. Alles nah beisammen ...: Gößweinstein, Behringersmühle, Rabenstein, Muggendorf und Streitberg“, so preist er die Fränkische Schweiz bei einem Freund.

Das Herz der Fränkischen Schweiz erschließt heute eine gut ausgebaute Bundesstraße, die den Reisenden rasch und ohne großen Aufhebens an sein Ziel bringt. In weniger als einer halben Stunde gelangt man von Ebermannstadt nach Pottenstein. Und nicht selten fragt man sich dann: „Wo war sie denn nun, die gerühmte Fränkische Schweiz?“. Als die Romantiker ihre Lobeshymnen sangen, reiste man anders als heute. Zu Fuß, allenfalls zu Pferde durchquerte man die Felsenlandschaften und im Gepäck hatte man viel Zeit, ein Reiseutensil, das dem modernen Menschen meist abgeht. Was man sonst mitnahm, erklärt uns eine Reiseregel von 1856: *„Da die Reise in die Fränkische Schweiz eine Fußtour ist, so darf man keine großen Bedürfnisse und Ansprüche haben. Leichte, bequeme Kleidung, gute, für die Füße genau passende Bundschuhe, nur die nöthigste Leibwäsche, die an jedem Ort schnell gewaschen wird, um die Reisetasche nicht zu beschweren. Messer, Schere, Nadel und Faden, um sich losgerissene Knöpfe und ähnliches selbst anzunähen, ... einige Hausmittel im Falle des Befallen werden von Unwohlsein, als da sind: etwas Rhabarberpulver, gedörrte Orangenblüten, Hoffmännische Tropfen, nicht zu vergessen ein Stück Hirschunschlitt, um die Füße vor dem Schlafengehen nach dem Einreiben von Fruchtbranntwein damit einzutalgen und am anderen Morgen wieder sorgfältig davon zu reinigen. Ein fester Reisestock darf auf keinen Fall fehlen. Und nun wollen wir zuletzt noch das nöthigste Requisit nennen, das Geld!“*

Pretzfeld soll der erste Ort sein, den wir auf unserer Exkursion ins Herz des „Muggendorfer Gebürgs“ besuchen. Schon Karl dem Großen erschien dieses Fleckchen Erde wichtig. Zwischen 793 und 810 haben die Bischöfe von Würzburg auf Geheiß des Kaisers vierzehn Kirchen errichtet, die der Betreuung der erst kurz zuvor christianisierten Slawen dienen sollten. Eine dieser sogenannten Slawenkirchen entstand in Pretzfeld. Von der ehemaligen Zugehörigkeit zu Würzburg kündet heute noch das Patrozinium der Kirche. Sie ist dem Hl. Kilian geweiht, der huldvoll von der Fassade blickt. Die Kirche ist eine der anspruchsvollsten und stattlichsten Landkirchen in der Fränkischen Schweiz. Ihre Entstehung verdanken wir einem Unfall:

1739 erhält Johann Michael Küchel, die rechte Hand Balthasar Neumanns den Auftrag, die ehrwürdige gotische Pfarrkirche umzubauen. Seine Aufgabe war lediglich eine Erhöhung des alten Chorturmes. Am 18.August vermeldet der Künstler, das Dach sei aufgerichtet. Am 22. September jedoch stürzt der gesamte Turm um und begräbt das Langhaus unter sich. Küchel erklärt den Vorfall so, dass der Maurermeister vor Ort eigenmächtig den Chorbogen im Innern erweitert und damit die Statik verändert habe. Jahrelang verhandelt man über die Schuldfrage, die erst 1762 durch einen Vergleich vor dem Reichskammergericht beigelegt wird, ein Jahr nach der Weihe des nun notwendig

inen besonderen Reiz haben die Trockenrasenhänge mit hren Kiefern, Wacholdersträuchern, ihrer besonderen Flora usammen mit den aus den Rasen aufsteigenden Felsen.

Die Pfarrkirche von **Petzfeld** *ist eine der stattlichsten Landkirchen in der Fränkischen Schweiz.*

gewordenen völligen Neubaues.
Die Pläne Küchels wurden jetzt eingehend von Neumann kontrolliert. Ein Erstentwurf wurde abgelehnt und erst eine zweite Entwurfsserie verwirklicht.
Pretzfeld war kein Einzelfall. Immer wieder tauchen Bauschäden an Küchels Gebäuden auf und immer schiebt er die Schuld auf andere. Diesmal jedoch kam es zu einer Katastrophe. Gott sei dank war niemand ums Leben gekommen, denn der Einsturz geschah nachts. Fürstbischof Friedrich Karl von Schönborn war verärgert. Er schrieb 1740 aus Würzburg einen ernsthaften Brief an Küchel:
„Auf deine untertänigste Vorstellung wegen des eingefallenen Kirchenturms zu Brezfeld hast du zu wissen, daß die Frag ... auf das ankomme, wer den so grob verfehlten Bauschaden von rechts wegen zu ersetzen habe.
Wir wiederholen hiermit dir aus sonderbaren Gnaden, ... dass nemblich solange du die Schuld auf andere wirffest, die Sache immerfort auf Beweis und gerechten Spruch ankommen müsse ..., wie du dann nach so vielen und offenbaren Fehlern und durch leere Entschuldigungen auf andere Leuth, auf Geldmangel und dergleichen noch lang nicht deine gute Reputation wieder erwerben wirst.
Bei dir fehlet es bis anhero überall baldt an Bauregeln, baldt ahn der Güthe deren Materialien, baldt an der Accurezza deren Rissen, welches wir dir nochmahlen aus gnädigster Wohlmeinung erinneren. Da sonsten niemand mehr dir etwas richtiges wird anvertrauen können, ist es etwas ganz anderst mit Rissen zu prangen und ein ganz anderes den Baugrund und die Materialien zu verstehen, und darzu das rechte Fundament und wahren Fleiß in der Erfahrenheit zu haben und zu erweisen. Wozu dann hauptseliglich mit gehöret, mit denen Werkleuthen sich wohl zu stellen, denselben mit Höfflichkeit und Bescheidenheit zu begegnen, sie in wichtigen Dingen zu fragen und ahnzuhören, ihre Risse mit Ohnbescheidenheit nicht zu verwerfen, sondern ihres Vertrauen und Beyhilff vill mehr in allen Dingen mit ihrem guten Willen versichert zu seyn. Sofort jedermann mit Höfflichkeit und Geduld zu begegnen, und was man thut nicht nur mit leichten Papierlinien, sondern mit ordentlicher Bauexperienz und guter Vorsichtigkeit ins Werk zu setzen. Denn das Entschuldigen hernach, das das vor Augen liegende Fehlen oder nicht Wissen wieder guth zu machen nicht vermag, so du in Bausachen gewiss nicht fortkommen noch gute und sichere Reputaion mit vertrauen erwerben wirst, das wollen wir dir in gnädigstem vertrauen vorhalten.“
Das Innere der Kirche wirkt heute etwas nüchtern, denn obwohl geplant, wurde die Decke nicht mit Stuck versehen. Den Hochaltar stiftete Küchel der Gemeinde: Wiedergutmachung oder zumindest das Eingeständnis einer Teilschuld am Einsturz ihrer alten Kirche. Die Seitenaltäre erinnern an Küchels Entwürfe für Gößweinstein und wurden von dem Ebermannstädter Bildschnitzer Friedrich Theiler gearbeitet. Theiler hatte seine Begabung in der Bamberger Bildhauerwerkstatt Mutschele als Geselle gefestigt und war rasch zu einem schwungvollen eigenen Stil gekommen. Dieses Können machte ihn zu einem beliebten und gefragten Künstler, der alsbald seinen Lehrmeister Franz Martin Mutschele in den Schatten stellte.
Das Dorf Pretzfeld selbst ist reizvoll, nicht „zu Tode renoviert“. Durch den Ort schlängelt sich die Trubach, die hier in die Wiesent mündet. Eine schlichte Steinmauer umgrenzt das etwas auf einer Anhöhe liegende Schloss. In seiner heutigen Form entstand es nach Zerstörungen im Bauernkrieg. Als das Adelsgeschlecht der Stibar von Buttenheim, die seit 1390 als Besitzer nachweisbar sind, 1762 ausstarb, fiel das Schloss an das Hochstift Bamberg und wurde noch im gleichen Jahr als Lehen an die Grafen von Seinsheim weiter-

gegeben. Die wertvolle Ausstattung, die sie ins Schloss brachten, ist verloren, denn mit Auflösung des Fürstbistums Bamberg in der Säkularisation fiel das Schloss an den Bayerischen Staat und wurde 1851 von der jüdischen Bankiersfamilie Herz aus Nürnberg gekauft. 1897 heiratete Sophie Herz den Maler Curt Hermann, der in impressionistischen Stil Landschaften und Stillleben malte. Im Jahrzehnt vor seinem Tod 1929 beschäftigte ihn in seinem Schaffen fast ausschließlich die Pretzfelder Umgebung. In der Reichskristallnacht wurden seine Bilder als „entartet" auf dem Marktplatz in Forchheim verbrannt. Erhaltene Werke, immerhin mehr als 60, befinden sich heute im Besitz der Hermann-Enkel und werden im Pretzfelder Schloss aufbewahrt. Die Familie Herz musste während des 2. Weltkrieges Pretzfeld verlassen. Das Schloss wurde in der Reichskristallnacht geplündert. Noch während des 2. Weltkriegs siedelte aus dem zerbombten Berlin eine Forschungsgruppe der Firma Siemens ins Pretzfelder Schloss um. Sie stand unter der Leitung des bedeutenden Physikers und Pioniers der Rundfunktechnik Walter Schottky, der 1976 in Pretzfeld starb. Noch heute ist das Schloss im Besitz der Firma Siemens.

Ein einmaliges Erlebnis ist der Besuch Pretzfelds im Frühjahr, wenn die Obstbäume blühen. Die Gemeinde ist Zentrum des fränkischen Süßkirschenanbaus. Hier ist das größte geschlossene Anbaugebiet der Europäischen Gemeinschaft. Nicht umsonst wurde hier eine in der Bundesrepublik einmalige Versuchsanlage nur für Kirschenanbau eingerichtet. Der Süßkirschenanbau hat in der Fränkischen Schweiz eine lange Tradition. Vom Kloster Weißenohe im 12. Jahrhundert ausgehend, hat er sich ab dem 30jährigen Krieg flächendeckend ausgebreitet. Seit 1967 feiert man in den Felsenkellern bei Pretzfeld Mitte Juli jährlich das große Kirschenfest als Erntedank.

Wenige Kilometer weiter nach Osten erreicht man **Ebermannstadt**. Der Ort erscheint auf den ersten Blick wenig attraktiv, denn kräftiges Wachstum in den letzten dreißig Jahren führte zum Bau zahlloser neuer Häuser an den Talhängen. Das alte Zentrum zwischen zwei Armen der Wiesent gelegen, vermag jedoch noch ein bisschen Geschichte zu erzählen. Ebermannstadt wurde erstmals 981 in einer Urkunde erwähnt, die Entstehung dürfte aber in die Zeit der Besiedlung durch die Franken im 6. Jahrhundert zurückführen. Ein Stammeshäuptling Ebermar wird für die Namensgebung verantwortlich gemacht. 1323 wird Ebermannstadt zur Stadt erhoben. Damit war das Marktrecht, die Wahl eines Stadtrates mit Bürgermeister und das Befestigungsrecht verbunden. Das half jedoch nicht unversehrt über die verschiedenen kriegerischen Wirren hinweg. Ersten Zerstörungen im Hussitenkrieg folgten weitere in den Unruhen der Reformation und im 30jährigen Krieg. Dennoch kämpften die Ebermannstädter immer verbissen um ihre Rechte. Ihr verbrieftes Braurecht verteidigten sie im „Bierkrieg" von 1510 mit Waffengewalt gegen die Schwarzbrauer in Pretzfeld. Auch den Nationalsozialisten verweigerten die Ebermannstädter die Treue. *„Der Führer hat ka Frau, der Metzger ka Sau, der Bäcker kann Teich, so schöö is' im Dritten Reich"*, soll man hinter vorgehaltener Hand gewitzelt haben.

Die Durchgangsstraße Richtung Streitberg führt heute am alten Stadtkern vorbei. An der ehemaligen Hauptstraße liegt die mittelalterliche Marienkapelle mit einer sehr einheitlichen Barockausstattung, die von dem begabten Bamberger Bildhauer Georg Reuß geschaffen und später vom Ebermannstädter Friedrich Theiler überarbeitet wurde. Von ihm stammt auch die bekannte Maria im Strahlenkranz. Theiler, ein unverheirateter Eigenbrödler hatte sein Handwerk in der Bamberger Mutschelewerkstatt gelernt, war aber in seinen Geburtsort Ebermannstadt zurückgekehrt. So schön seine Werke anmuten, so unzu-

Hell leuchtet der Turm von **Burg Feuerstein** *über dem herbstlichen Wald.*

frieden war er oft selbst damit. Angeblich soll vieles bereits vor der Vollendung im Ofen gelandet sein.
Von besonderer Romantik ist das einzige erhaltene Wasserschöpfrad der Fränkischen Schweiz, das seit 1603 seinen Dienst tut. Ursprünglich diente das geschöpfte Wasser dazu, die Abfälle der Stadt, die man einfach in die Rinnsteine entlang der Straße warf, wegzuspülen.

Ebermannstadt wird von bewaldeten Berghängen eingerahmt. Auf einem dieser Berghänge ca. 3 Kilometer vom Ortszentrum entfernt liegt die **Burg Feuerstein.** Obwohl sie einen mittelalterlichen Eindruck erweckt, wurde sie erst 1941 erbaut. Bis zu diesem Zeitpunkt war die Hochebene Schafweide. Vermutlich diente das Plateau früher dem Abbrennen von Warnfeuern bei Kriegsgefahr. Daher der Flurname Feuerstein. Die im 2. Weltkrieg erbaute „Ritterburg" war durch ihr Aussehen für feindliche Flieger nicht als das erkennbar, was sie war, ein Institut für Hochfrequenztechnik. Bis Kriegsende wurden hier unbehelligt Kodiergeräte und Steuerungssysteme für Flugzeuge entwickelt und produziert. 1946 ging die Burg in den Besitz des Bistums Bamberg über, das hier eine Jugendherberge und ein Tagungszentrum einrichtete.

Zu Weltruhm hätte es der inzwischen zu Ebermannstadt eingemeindete Ort **Gasseldorf** bringen können, hätte Georg Lahner seine Erfindung, das Brühwürstchen nicht „Wiener", sondern nach seinem Geburtsort „Gasseldorfer" genannt. Was hat es mit dieser Geschichte auf sich? Georg Lahner wurde als zweiter Sohn eines ärmlichen Bauern am 13. August 1772 geboren. Der Hof konnte dem Buben keine Zukunft bieten und so schickten die Eltern den kleinen Georg als Lehrling zu einem Metzger nach Frankfurt. Nach abgeschlossener Lehre führte ihn seine Gesellenwanderung nach Wien, wo er mit dem Geld einer ihm wohlgesonnenen Dame eine Selcherei eröffnete. Dort kreierte er ein Würstchen, dem er zur Erinnerung an seine unbeschwerte Lehrlingszeit in Frankfurt den Namen „Frankfurter" gab. Diese Wurst besteht fast nur aus Schweinefleisch, wird über Buchenholz heißgeräuchert und dann gekocht. Den durchschlagende Erfolg verdankt sie dem hauchdünnen, zarten Schafsdarm, der die bis dahin ausschließlich verwendeten zähen Schweine- oder Rinderdärme ersetzte. Selbst der Kaiser und die Wiener Hofgesellschaft fand Gefallen an dieser Wurst, die daraufhin ihren Siegeszug um die ganze Welt antrat. Bis auf den heutigen Tag heißen die Würste in Wien „Frankfurter", überall sonst jedoch „Wiener". Bis 1967 war die Wiener Wurstfabrik Lahner in Familienbesitz.

Weit geht der Blick von der Streitburg über **Streitberg** *hinaus ins Wiesenttal.*

Ab **Streitberg** beginnt das für die Fränkische Schweiz charakteristische Landschaftsbild mit den schroff aufsteigenden Kalkfelsen. Hoch oben über dem Ort steht die Ruine der Burg der Herren von Streitberg, Dienstmannen der führenden Adelsfamilie derer von Schlüsselberg, die Besitzanteile an der Burg hatten. Hauptsitz der Schlüsselberger war die gegenüber liegende Burg Neideck. Streitberg, im Tal zwischen diesen beiden Burgen gelegen, war ein strategisch überaus bedeutender Ort. Die Straße nach Bayreuth überquerte an dieser Stelle die Wiesent. Konrad von Schlüsselberg wusste diese günstige Lage zu nutzen, indem er eine Zollstelle an der Wiesentfurt errichtete. Angeblich hatte er geplant, zwischen den Burgen Neideck und Streitberg quer durch das Tal eine Mauer zu errichten. Damit wäre die Verbindung zwischen Bayreuth und Nürnberg nur gegen Maut passierbar gewesen. Soldaten der Markgrafen von Nürnberg und des Bamberger Bischofs belagerten 1347 die Neideck und Konrad, der letzte Schlüsselberger wurde laut Überlieferung von einem Steingeschoss, einem Pleydenwurf erschlagen. Die Markgrafen konnten fortan ungehindert das Wiesenttal passieren und Streitberg wurde zur Übernachtungsstation auf diesem Weg. So wird schon Anfang des 16. Jahrhunderts eine „Schenkstatt“ erwähnt. Auf Veranlassung des Markgrafen Christian zu Brandenburg wird der alte Gasthof 1706 durch den heutigen stattlichen Fachwerkbau ersetzt. Markgraf Christian wollte in Zukunft mit seinem Gefolge standesgemäß Quartier nehmen können. Dem Betreiber wurde das Recht zugebilligt, das markgräfliche Wappen, den schwarzen Adler zu verwenden. Der „Schwarze Adler“ ist das älteste Gasthaus der Fränkischen Schweiz.

Etwas den Berg hinauf erreicht man das Alte Kurhaus. Hier unterzogen sich die Gäste des 19. Jahrhunderts einer Molkenkur aus Ziegenmilch. 1883 war auch Viktor von Scheffel hier zu Gast. Er beschreibt in seinen Dichtungen das Pilgerstübchen im alten Burghof, das seit 1898 als Probierstübchen der bekannten Streitberger Schnäpse und Liköre von „Hertlein's Alter Kurhausbrennerei“ betrieben wird. Ob hier früher allerdings jemals Pilger im eigentlichen Sinne eingekehrt sind, sei dahin gestellt, denn den katholischen Wallfahrern auf dem Weg nach Gößweinstein war das lutherische Streitberg immer ein Dorn im Auge. Raschen Schritts und mit eingerollten Pilgerfahnen zog man ohne Rast am Ort vorbei.

Die **Ruine Neideck** *kann man als das Wahrzeichen der Fränkischen Schweiz betrachten.*

1905 wurde von dem Nürnberger Fabrikanten Ignaz Bing direkt am Ortsrand von Streitberg ein schmales Erdloch entdeckt. Er war zu korpulent, um hineinzuschlüpfen und so schickte man den 13-jährigen Konrad Braungart mit einer Karbidlampe vor. Er entdeckte die schönste unter den touristischen Höhlen der Fränkischen Schweiz. Sie ist heute auf einer Länge von ca. 420 Metern erschlossen. Der Weg hat einen Höhenunterschied von nur 9 Metern. Die Temperatur in der Höhle beträgt das ganze Jahr 12°C. Die nach ihrem Entdecker genannte **Binghöhle** ist keine Hallen- sondern eine Spalthöhle. Ein unterirdischer Wasserlauf hat den geschichteten Schwammkalk ausgespült. Die Tropfsteine in der Höhle zeigen sich in einer Reinheit und Größe, wie sie sonst in kaum einer anderen Höhle zu finden sind. Ein Gang durch diese unterirdische Welt mit ihrer reinen Luft und ihrer Abgeschiedenheit vom Alltag, vom „Draußen“ ist immer ein besonderes Erlebnis. 500.000 Jahre ist dieser und 800.000 Jahre jener Tropfstein alt, so erzählen Höhlenführer. Solche Zahlen sind Schall und Rauch, da unvorstellbar. Doch von der Höhlendecke löst sich alle drei Sekunden ein glasklarer Tropfen und fällt mit einem leisen Plitsch zu Boden. Jahre brauchen diese Tropfen in ihrer unendlichen Regelmäßigkeit, um einen Millimeter Tropfgestein zu bilden. Und auf einmal empfindet man in diesen Höhlen die Kürze und Vergänglichkeit eines irdischen Menschenlebens.

Die Kirche von **Muggendorf.**

Atemberaubend schön ist der Blick vom Eingang der Höhle auf die Burgruine Streitberg und das Wiesenttal. Er führt uns hinüber zur **Burgruine Neideck,** der ehemals größten Burg der Fränkischen Schweiz, heute eines ihrer Wahrzeichen. Ein Freund von Goethe beschreibt den Weg von Streitberg zur Neideck als den schönsten Weg der Welt und Moritz von Arndt vermerkt 1798 im Hauptturm der Burg sitzend in seinem Tagebuch: „... *die schönsten Trümmer einer Burg, die ich auf deutschem Boden sah!*" Auch die Romantiker Wackenroder, Tieck, Immermann und Fürst Pückler-Muskau und der Maler Richter erklommen den Fels.

Der Name lässt sich vielleicht von beneidenswert herleiten, denn nicht nur die Lage, sondern auch die Größe der Burg war einstmals beeindruckend. Bis 1347 war die Anlage im Besitz der Schlüsselberger. Als ihr letzter männlicher Spross Konrad II. etwa 70-jährig bei der Belagerung durch die Nürnberger durch ein Wurfgeschoss starb, fiel die Burg an Bamberg. Sie wurde 1553 im 2. Markgrafenkrieg zerstört und ist seither Ruine. Die verbliebenen Reste der Vorburg wurden 1737 nahezu komplett eingelegt, als man unter ihnen eine Marmorader entdeckte. Es handelte sich um einen dichten, vor allem polierfähigen gelblich-rotgebänderten Kalkstein, den man am Bau der Würzburger Residenz und der Wallfahrtskirche Gößweinstein verwendete. Die tiefe Geländeeinmuldung am Eingang zur Burg ist auf diese Steinausbeutung zwischen 1737 und 1751 zurückzuführen.

In fachkundigen Büchern ist nachzulesen, dass der noch erhaltene Brunnen der Hauptburg etwas ganz besonderes ist. Er wurde vermutlich durch eine Röhrenleitung aus Eichenholz von einem 1300 Meter entfernten, etwa 70 Meter höher liegenden Quellhorizont gespeist und funktionierte nach dem System der „kommunizierenden" Röhren. Von diesem Brunnen aus hat man einen traumhaften Blick ins Tal und die Begeisterung der Romantiker überträgt sich unmittelbar auf das eigene Empfinden. Wie ist im Grimm'schen Wörterbuch nachzulesen: *„Wo ein schöner Fleck ist, da schmeißt der Teufel ein Kloster hin, oder einen Edelmann!"*

Südlich der Burg findet man im Wald eigenartige Erdmulden. Es handelt sich um Geschützstellungen. Hier waren die schweren Steinwurfmaschinen, die sogenannten „Pleyden" verankert, die zentnerschwere Steinkugeln bis zu 300 Metern weit schleuderten und dabei eine erstaunliche Treffgenauigkeit entwickelten. Unter Einberechnung einer hohen Fluglinie wurde 1347 mit diesen Pleyden die Neideck beschossen und dabei zielsicher der Burgfried zerstört.

Ziel der ersten „Touristikwelle" Anfang des 19. Jahrhunderts war aber nicht nur die Neideck, sondern auch der Ort **Muggendorf.** Der Name lässt sich von dem Eigennamen Muticho herleiten. Die Herren von Mutichendorf verschwinden aber alsbald aus der Geschichtsschreibung und der Ort fällt an die Schlüsselberger. Wie über die ganze Gegend tobte auch über Muggendorf der Hussitenkrieg, die beiden Markgrafenkriege und der Dreißigjährige Krieg hinweg. Doch damit nicht genug, wütete mehrfach der Feuerteufel. So wurde Muggendorf in den Jahren 1601, 1667 und 1726 ein Raub der Flammen.

Muggendorf war einer der ersten Orte im Bistum Bamberg, die 1529 mit ihrem Pfarrer Friedrich Messingschlager die Lehre Luthers annahm. Angeblich soll Luther selbst in Muggendorf gewesen sein. Gerade als die Leute fröhlich ihr Kirchweihfest begingen, habe er sich mit einem Freund zu erkennen gegeben und vor seiner Weiterreise nach Nürn-

Denkmal zum"Romantiker Jahr" in Muggendorf.

Der berühmte Schauspieler Antony Quinn bei seinem Besuch in Muggendorf (von links nach rechts: Horst Feiler, Antony Quinn, und Frau, Käthe Feiler und vorne das Kind der Quinns).

berg dem vor Ehrfurcht verstummten Volk gepredigt. Den Platz nannte man zur Erinnerung die „Stille Wiese", die allerdings heute von einem Minigolfplatz zweckentfremdet wird.

Muggendorf ist immer noch protestantisch und die Laurentiuskirche am Berghang ist sehenswert. Im wesentlichen stammt sie aus der Zeit nach der Zerstörung 1632. Erst 1972 entdeckte man die barocke Bemalung der Emporenbrüstungen wieder.

Die Bewohner der Fränkischen Schweiz nutzen alles, was ihnen der Boden und die Natur zu bieten hat. Schafe beweiden als biologische Landschaftspfleger die kargen Hänge und halten das Buschwerk niedrig. Juralamm gilt als kulinarische Delikatesse. Forellenzuchten im klaren Wasser bringen besten Fisch auf den Tisch. Zahllose Streuobstbäume und gezielt kultivierter Anbau fördern die Obstbrennereien, die hervorragende Produkte herstellen. Auch die heimischen Kräuter werden verarbeitet. Bekanntestes Produkt ist der Streitberger Bitter, ein Magenlikör. Doch auch in die Küche haben die Wildkräuter Eingang gefunden. Im traditionsreichen Muggendorfer Restaurant „Feiler" liegt ein Kochbuch auf, das über die Vielfalt der Pflanzen und ihre Anwendung staunen läßt. Von Bachbunge über Scharbockskraut, Wiesenknöterich und Frauenmantel bis hin zu Lungenkraut und Gänseblümchen reicht das Spektrum. Kalbslasagne mit Wildkräuterspinat oder Lammhack mit Knöterich heißen leckere Gerichte zum Nachkochen.

Die Feilers sind auch auf anderem Gebiet immer für eine Überraschung gut: Als der amerikanische Schauspieler Antony Quinn im nahegelegenen Schloss Thurn in Heroldsbach einen Film drehte, war er fast 2 Monate Gast des Seniorchefs Horst Feiler. Der Aufenthalt war für den Schauspieler offenbar so angenehm, dass er sich spontan entschloss, ein Grundstück in der Fränkischen Schweiz zu erwerben. Das ganze „Muggendorfer Gebürg" war in Aufregung! Der Plan scheiterte, doch es entstand eine herzliche Verbundenheit zu Gastgebern und Landschaft.

Von Muggendorf aus kann man wunderbare Wanderungen unternehmen. Ein schon als klassisch zu bezeichnener Rundweg führt zu Muggendorfs berühmten Höhlen und Aussichtspunkten. Man läuft zur Oswaldhöhle, vorbei am „Quakenschloss" zum Adlerstein, um durch die Felsformation „Riesenburg" das Aufseßtal entlang zur Kuchenmühle zu gelangen. Die **Oswaldhöhle** ist eine etwa 60 Meter lange Durchgangshöhle. Aus der Helligkeit des Tages taucht man ins Dunkel der Felsengrotte. Steinzeitgefühle machen sich breit. Bis sich die Augen an die Finsternis gewöhnt haben, läuft man unsicher, doch bald leitet der Lichtschein von der anderen Seite. Während des Wegs eröffnen sich immer wieder traumhafte Blicke ins Tal, besonders vom Adlerstein aus, dessen Panoromasicht Viktor von Scheffel dichterisch verewigte. Das **Quackenschloss** und auch die Riesenburg sind Versturzhöhlen. Unterirdische Hohlräume sind eingestürzt und haben faszinierende Felsgestaltungen hinterlassen. Abenteuerlich ist der Abstieg durch die Riesenburg ins Tal, der über schmale Steige, Treppen und Felsentore führt. Bei diesem Abstieg tritt man über eine gesicherte Steinbrücke auch auf den sogenannten Schillerfelsen, auf dem schon König Ludwig I. von Bayern stand. Als er im Sommer 1830 bei den damaligen Besitzern der Riesenburg, den Grafen von Schönborn-Wiesentheid zu Besuch war, reiste man auch in die Fränkische Schweiz. Auf dem Schillerfelsen über dem Wiesenttal stehend sprach Ludwig I. die Worte: *„Folgend dem Windzug, kommen die Wolken und weichen, unveränderlich aber stehet der Fels in der Zeit."* Diese Worte wurden in den Stein gemeißelt.

Ein echtes Naturerlebnis ist schließlich der Weg durch das vom Straßenverkehr freie Tal der Aufseß zur Kuchenmühle. Im Frühjahr, wenn die Wiesen noch niedrig sind, kann man am Rand des klaren Baches entlang gehen, die Forellen beobachten und die Seele baumeln lassen. Die **Kuchenmühle** war eine alte Mahl- und Sägemühle und schon um die Wende vom 19. zum 20. Jahrhundert wurden hier, wie in den meisten Mühlen der Fränkischen Schweiz, Erfrischungen für die Wanderer ausgegeben. Besonders für die Studenten aus Erlangen waren die bewirtschafteten Mühlen ein beliebtes Ausflugsziel. Leider wurde die alte Kuchenmühle vor wenigen Jahren durch einen Brand zerstört. An ihrer Stelle entstand nun eine moderne Ausflugsgaststätte, die mit der alten Mühle nur noch den Namen gemeinsam hat.

Überall treffen wir auf „verwunschene" Felsformationen.

Um 1900 gab es in der Fränkischen Schweiz noch mehr als 200 Mühlen. Neben Mahl- und Sägemühlen waren dies Öl-, Hammer- und Pulvermühlen. In den Ölmühlen wurde Leinsamen für Lampen verarbeitet. Die Hammermühlen dienten der Metallverarbeitung und in Pulvermühlen stellte man aus Schwefel, Holzkohle und Salpeter Schießpulver für Jäger und Soldaten her. Trotz des Mühlensterbens durch die zunehmende Industrialisierung sind einige der Mühlen noch in Betrieb.

Von Muggendorf aus gelangt man auch zum **Druidenhain** nahe Wohlmannsgesees. Geheimnisvoll ist schon der Name und noch geheimnisvoller wirken die tonnenschweren Felsquader, die einer scheinbaren Ordnung folgend, aufgereiht liegen. Wurden sie von keltischen Druiden mittels ihrer magischen Fähigkeiten in diese Lage gebracht? Hat man hier Gericht abgehalten, Menschen geopfert? Dienten die Felsen astrologischen Zwecken oder war es ein Sonnenkultplatz? All diese Vermutungen werden heute von der Wissenschaft abgelehnt. Die Felsanordnungen sollen durch jahrtausendelange Auswaschungen ihr jetziges Aussehen erhalten haben. Lediglich einige kleinere Brocken könnten von Menschenhand plaziert sein. Besonders an nebeligen Herbsttagen jedoch verlieren die bemoosten Steinkolosse auch durch diese wissenschaftliche Entmystifizierung nichts von ihrem Reiz.
Nahe dem Druidenhain liegt der kleine Ort **Trainmeusel.** Der gefürchtete Raubritter **Eppelein von Gaillingen,** der im 14. Jahrhundert sein Unwesen trieb, soll hier seine Stammburg gehabt haben. Diesen Schluss zog man aus den Spottbriefen des Ritters an die Nürnberger, die er immer mit *„Appel von Gailing auf Illesheim und Dramaus, Herr zu Wald und Steinbach"* unterschrieb. Das genannte Dramaus brachte man schon bald mit Trainmeusel in Verbindung, so heißt es z. B. in einem Zehntregister des 16. Jahrhunderts: *„daß zu Drameisel off der Georg Zolleisen Burg der Eppeling zu Gailling gewohnt haben soll."* Historisch fassbar sind diese Überlieferungen allerdings nicht. Dennoch spukt der Ritter noch in den Sagen der Umgebung. Es wird behauptet, auf Trainmeusel habe er das wertvolle goldene Vogelhaus versteckt, das er den Nürnbergern gestohlen habe. Angeblich würde es noch hinter den Mauerresten der Burg zu finden sein, doch wenn man diese Mauern einreiße, dann käme großes Unglück über das Volk. Und wie allen gefürchteten Ritter schrieb man Eppelein auch Zauberfähigkeiten zu. So soll er, wenn er zur Kirche nach Muggendorf ritt, vom nahen Frauenstein, früher Hohenstein genannt, immer den direkten Weg genommen haben. Von diesem Felsen, von dem man noch heute einen prachtvollen Blick über das Wiesenttal nach Muggendorf hat, sprang er mit seinem Pferd direkt zur Kirche hinab über die Wiesent, ohne dass die Hufe den Boden berührten.
Der Sprung mit seinem geliebten Hengst brachte dem Ritter auch seinen Ruhm ein. Seine besondere Abneigung galt den reichen Nürnberger Kaufleuten, den „Pfeffersäcken", die ihrerseits besonders darauf bedacht waren, ihm das Handwerk zu legen. 1381 wurde er von den Nürnbergern gefangen gesetzt und man brachte ihn auf die Burg. Dort soll er den Wunsch geäußert haben, vor seiner Hinrichtung ein letztes Mal sein geliebtes Tier reiten zu dürfen. Bei seinem Ritt im Burghof setzte er plötzlich mit einem gewaltigen Sprung und den berühmt gewordenen Worten *„Die Nürnberger hängen keinen, sie hätten ihn denn zuvor"* über die Burgmauer. Sein Leben fand dennoch ein grausames Ende. Er wurde in Neumarkt in der Oberpfalz gerädert.

Früher wies man dem schlimmen Raubritter auch die nahegelegene **Burg Gaillenreuth** als Wohnsitz zu. So dichtet der Nürnberger Christoph Beck († 1939) in seinen „Poetischen Erinnerungen ... an die Fränkische Schweiz": *„Hoch am Felsen kühnverwegen, hängt das Schloß Burggaillenreuth, drin haust Eppelein der Gailling, der als Ritter rings gescheut."*
Neuere Forschungen schließen eine Verbindung der Burg mit dem Ritter jedoch genau wie für Trainmeusel aus. Die Burg war nachweislich nie im Besitz Eppeleins, auch wenn er sich oft dort aufgehalten haben mag. Zu seinen Lebzeiten gehörte sie Konrad von Egloffstein, der sich, genau wie Eppelein, in heftigen Auseinandersetzungen mit der freien Reichsstadt Nürnberg befand. Sie eskalieren, als Nürnberg 1383 Burggaillenreuth angreift, um Gefangene, die aus vorhergegangenen Raubzügen hierher verschleppt wurden, zu befreien. Die Burg gehörte zu den kleinsten Befestigungsanlagen der Fränkischen

Die Wallfahrtsbasilika und die restaurierte Burg prägen das Bild von **Gößweinstein.**

Schweiz und blickt auf eine wechselvolle Geschichte zurück. Im Dreißigjährigen Krieg wurde sie von kroatischen Truppen zerstört, aber sofort wieder aufgebaut. Erst Mitte des 19. Jahrhunderts setzte ein schleichender Verfall ein. Einzelne Gebäude wurden abgerissen, so dass heute nur noch ein kleiner Teil der alten Veste vorhanden ist. Die Vorburg liegt auf der Bergebene und ist mit dem Dorf verbunden. Ein Graben trennt sie von der Hauptburg, die auf einer schmalen Felsnadel imposant über dem Wiesenttal thront.

Unten im Tal Richtung Behringersmühle liegen romantisch am Fluss die **Sachsen-** und die **Stempfermühle.** Die alte Sachsenmühle wurde vor dem 2. Weltkrieg abgebrochen, nachdem ein Hochwasser 1909 die Gebäude bereits erheblich beschädigt hatte. Die in Stein gehauene Jahreszahl 1776 über der Tür des heutigen Gebäudes stammt vom ehemaligen Mühlenhaus. Schon 1885 hatte man in der Sachsenmühle Bewirtung betrieben und diese gute Tradition wird bis heute gepflegt. Das gilt auch für die Stempfermühle. Sie trägt noch immer den Namen ihres Erbauers, des Müllers Stempfer, der 1468 urkundlich genannt wird. 1924 wurde der Mühlenbetrieb eingestellt. Die alte Mühle wurde im 2. Weltkrieg völlig zerstört und dann 1949 neu errichtet. Nicht die Wiesent hatte die Räder angetrieben, sondern drei kräftige Quellen, die aus dem Gößweinsteiner Berg entspringen.

Gößweinstein ist über eine steile Zufahrt entweder von der Sachsenmühle oder vom Luftkurort **Behringersmühle** aus zu erreichen. Behringersmühle ist durch eine einmalige Lage ausgezeichnet. Drei Flusstäler treffen hier zusammen, Ausgangspunkt für Wasser- und Landwanderungen. Gemeinsam mit Gößweinstein ist die Gemeinde bedeutendstes Fremdenverkehrszentrum der Fränkischen Schweiz.

Gößweinstein ist jedoch nicht nur Ziel von Urlaubern, sondern nach wie vor auch vielbesuchte Wallfahrtsstätte frommer Pilger. Zentrum des Ortes ist die Basilika, ein Meisterwerk des Barockarchitekten Balthasar Neumann. Die Entstehung des Ortes und auch der ersten Kirche wird legendär auf einen Graf Goswin aus dem Hause Höchstadt-Stahleck ins 12. Jahrhundert zurückgeführt. Der Geschichte nach soll er ein eifriger Heide gewesen sein, der von seiner Väter Glauben nicht lassen wollte, obwohl die meisten seiner Nachbarn schon Christen waren. So auch sein Freund, der Herr der Burg Neideck. Bei einem Besuch auf dem Goswinstein redete der Neidecker dem Grafen wieder einmal eindringlich zu, dem Heidentum zu entsagen. Erbost über die Hartnäckigkeit seines Freundes bot Goswin einen Zweikampf an. Wenn er, der von Statur riesige Heide von dem kleinen Neidecker geschlagen würde, so gelobe er den Bau einer Kapelle auf seinem Fels. So geschah es! Doch kaum hatte das christliche Schwert sich mit dem heidnischen gekreuzt, da stand Goswin wie gelähmt vor seinem Gegner und musste den Kampf beenden. Die Allmacht Gottes hatte ihn besiegt und Goswin machte sein Versprechen war. Den wahren Ursprung und die Entstehungszeit der Wallfahrt kennt niemand. Pfarrer Vogel schreibt 1777: *„Gleichwie Gott in seiner unendlichen Wesenheit keinen Anfang hat, also will er ... auch dahier den Anfang und Ursprung dieser Wallfahrt uns nach seinem uner-*

forschlichen göttlichen Wohlgefallen verborgen haben." Zur rechten Entfaltung kam die Wallfahrt vermutlich erst um die Mitte des 16. Jahrhunderts, als im benachbarten Hüll die Reformation eingeführt wurde und die Bevölkerung die Darstellung einer Marienkrönung aus ihrer Kirche in den Wald retteten. Jahrelang blieb sie verborgen. Nach ihrer glücklichen Wiederauffindung wollte man sie nach Bamberg bringen. Doch bei Gößweinstein verweigerten plötzlich die Ochsen des Gespanns ihren Dienst. So fügte man sich dem göttlichen Willen und als Gnadenbild fand die Marienkrönung Aufstellung im Hochaltar. Durch Hinzufügen einer Taube als Symbol für den Heiligen Geist erweiterte man die Thematik zur freudenreichen Dreifaltigkeit. Eine Besonderheit der Darstellung wird nur vom aufmerksamen Betrachter wahrgenommen. Anders als im „Credo", in dem es heißt Christus sitzt zur Rechten Gottes, sitzt er hier zur Linken.

Ende des 16. Jahrhunderts war die alte Kirche endgültig zu klein geworden. Der Neubau einer Marien- und einer Dreifaltigkeitskapelle hinter dem Friedhof konnte nur teilweise abhelfen. Bei großen Wallfahrten mussten Kanzel und Beichtstühle trotzdem oft im Freien aufgestellt werden. Auch die Kommunion wurde an die Wallfahrer nicht selten außerhalb der Kirche ausgegeben. Anfang des 18. Jahrhunderts waren die räumlichen Umstände endgültig unhaltbar. 1719 schreibt der besorgte Pfarrer Dippold an Fürstbischof Lothar Franz von Schönborn, dass nicht einmal die eigenen Pfarrkinder Platz in dem kleinen Kirchlein hätten, noch mehr ginge es ihm zu Herzen, „*daß mancher Wallfahrter und Wallfahrterin unter immerfort anhaltendem Schnee- und Regenwetter durchgehends ernasset ... hierher kommen und auf dem Friedhof stehen und warten müssen.*" Unverblümt fordert der mutige Pfarrer den Fürstbischof auf, außer an seine weltliche Prachtbauten auch einmal an einen Neubau zu Ehren Gottes zu denken. Und tatsächlich gab 1723 Lothar Franz von Schönborn seinen Entschluss bekannt in Gößweinstein aus eigenen Mittel ein Kloster für Kapuziner bauen zu lassen, denen er die Wallfahrtsseelsorge übertrug. Die alte Marienkapelle am Friedhof wies er ihnen als Klosterkirche zu. Den Bau einer neuen Wallfahrtskirche jedoch verschob er aus Kostengründen erneut, obwohl seit 1715 ein Plan seines Hofarchitekten Johann Dientzenhofer vorlag. Die Verwirklichung dieses ehrgeizigen Projekts überließ er seinem Neffen und Nachfolger im Amt, Fürstbischof Friedrich Karl von Schönborn, der mit der Planung Balthasar Neumann beauftragte. Ohne Unterbrechung der Wallfahrtsmöglichkeit wurde die Kirche ab 1730 zügig errichtet und konnte 1739 geweiht werden, auch wenn die Innenausstattung noch nicht ganz fertig war. 1742 erteilte der Fürstbischof sogar die Anweisung, die Ausstattungsarbeiten in der Kirche zu verlangsamen, da „*es nicht räthlich ist, bey jezichen Geld beklemmten Zeihen sich in übermessiche Ausgaben einzulassen.*" Eine geplante Deckenausmalung unterblieb sogar völlig. Beim Hochaltar sollte jedoch nicht gespart werden und Michael Küchel gelang mit dem Entwurf ein besonderes Meisterwerk. Der Altar entstand nach den Vorstellungen des fürstbischöflichen Auftraggebers Friedrich Karl von Schönborn, dem durch die Darstellung seiner Namenspatrone, den Heiligen Karl Borromäus und Friedrich von Utrecht gehuldigt wird. Die Schnitzfigur des Bischofs Friedrich von Utrecht erhielt die Porträtzüge des Fürstbischofs, während man der Figur des Karl Borromäus, Erzbischof von Mailand, die Züge des wackeren Pfarrers Dippold verlieh. Damit fanden dessen Verdienste eine besondere Würdigung. Allerdings ist der Hl. Karl Borromäus als einfacher Seelsorger ohne erzbischöfliche Insignien dargestellt. Dass Pfarrer Dippold in die Haut eines Erzbischofs schlüpft, wäre dann doch zuviel der Ehre gewesen.

Gößweinstein entwickelte sich bereits kurz nach dem Neubau der Kirche zum bedeutendsten Gnadenort der Allerheiligsten Dreifaltigkeit in Deutschland. 1745 wurden 4900 Messen gelesen und 62.000 Personen erhielten die Kommunion. Eine ernste Krise erlitt Gößweinstein erst vor der Säkularisation durch die Invasion französischer Truppen. Die Zahl der Wallfahrten sank auf 30. Ab 1803 wurde das Wallfahren vollständig verboten. Als König Ludwig I. bei einem Besuch „in der romantischen Gegend des fränkischen Gebürgs" die Kirche jedoch in der Abendsonne liegen sah, war er entzückt und übertrug die Wallfahrt mit Reskript vom 18. Juni 1828 den Franziskanern, die seither hier ihren Dienst versehen. Die Wallfahrt ist heute mit immerhin ca. 20.000 Fuß- und 40.000 Buswallfahrern im Jahr wieder sehr lebendig. Wer allerdings im Gotteshaus selbst eine Fülle von sichtbaren Zeichen irgendwelcher Gnadenerweise vorzufinden hofft, sieht sich enttäuscht. Die wertvollen Silbervotive aus dem 18. Jahrhundert sind in der unzugänglichen Beichtkammer verwahrt. Im alten Messnerhaus neben der Kirche kann man jedoch einen beeindruckenden Einblick in das Votivbrauchtum des vergangenen Jahrhunderts gewinnen. Besonders bemerkenswert sind lebensgroße Wachsfiguren von zwei Männern und einer Frau, sowie 76 bekleidete Kinderwachsvotive. Diese Anzahl ist einmalig in Franken. Papst Pius XII. verlieh der Kirche den Ehrentitel „Basilika minor", den in der Erzdiözese Bamberg nur noch der Bamberger Dom und die Wallfahrtskirche Vierzehnheiligen trägt. Sichtbares Zeichen dieser Auszeichnung ist das Wappen des jeweils regierenden Papstes über dem Hauptportal.

Die warme Sandsteinfassade der Wallfahrtskirche mit dem prachtvollen benachbarten Pfarrhaus des Architekten Küchel dominieren den Ort. Fast übersieht man die auf hohem Felsen thronende Burg. Sie wurde von Graf Goswin im

Der reich geschmückte Brunnen von **Bieberbach** *ist eine Touristenattraktion während der Osterzeit.*

11. Jahrhundert erbaut und wird später Amtssitz der Bamberger Bischöfe. Mit der Säkularisation gelangte die Anlage zunächst in den Besitz des Königreichs Bayern und wurde 1890 von Freiherr Edgar von Sohlern erworben. Er verlieh der bereits im Barock veränderten Burg durch Mauerzinnen und Treppengiebel im neogotischen Stil das klischeehafte Bild von Ritterromantik. Die Nachfahren des Freiherrn bemühen sich noch heute um den Erhalt der Burg, die teilweise besichtigt werden kann. Den mühsamen Aufstieg entlohnt ein beeindruckender Weitblick, den sicher auch Richard Wagner genossen hat, der sich mehrfach in Gößweinstein aufhielt. Hartnäckig hält sich bis heute das Gerücht, das die Burg den Komponisten zu seiner Gralsburg im Parsival anregte. Der Sohn Richard Wagners, Siegfried, berichtete auf Nachfrage zur „Gößweinsteiner Gralsburg“, *„dass ihm von seinem Vater darüber nichts mitgeteilt worden sei, dass man aber im Hause Wahnfried wisse, dass seit Jahrzehnten eine solche Überlieferung bestehe.“* Eine erste Reise durch die Fränkische Schweiz unternahm die Familie Wagner im Mai 1879, bereits im April lag jedoch die Komposition des „Parsival“ vor. Damit ist das Gerücht zwar widerlegt, was seiner anhaltenden Verbreitung jedoch keinen Abbruch tut.

Nur sechs Kilometer von Gößweinstein Richtung Osten erreicht man auf schmaler Straße den Ort **Bieberbach.** In Kunstführern wird man vergeblich nach diesem unscheinbaren Weiler suchen. Wer jedoch das Guinessbuch der Rekorde von 1999 aufschlägt, wird fündig. Hier erscheint Bieberbach mit seiner Attraktion, dem größten und schönsten Osterbrunnen der Fränkischen Schweiz. 1982 hatten Dorfbewohner, zusammengeschlossen in einem neugegründeten Heimatverein, erstmals ihren kleinen Dorfweiher mit einer Girlandenkette geschmückt. Aus diesen bescheidenen Anfängen und einer gehörigen Portion Ehrgeiz entwickelte sich das heutige Schmuckstück. Etwa siebentausend handbemalte Eier schmücken das Arrangement. Viele hundert Besucher in bis zu achtzig Bussen pro Tag erreichen während der Osterzeit das kleine Dorf, um die zerbrechlichen Kunstwerke zu bewundern. Auch in anderen Gemeinden haben sich diese geschmückten Brunnen, inzwischen mehr als 100 in der gesamten Fränkischen Schweiz, zu einer besonderen Osterattraktion entwickelt. Die Grundform der Dekoration ist immer gleich: Liebevoll gestaltete Eier werden in frisches Tannen- oder Fichtengrün gebettet, das in Girlanden oder Kronen um einen Brunnen arrangiert wird. Wasser war und ist auf den Höhen des Frankenjura ein wertvolles Gut. Da natürliches Oberflächenwasser fast völlig fehlt und Regenwasser rasch im kalkhaltigen Boden versickerte, diente der Dorfweiher, die sogenannte Hüll, als wichtigster Wasserspeicher. Quellen entsprangen nur an den Hängen und ihr Wasser musste mit Wasserbutten oder Ochsengespannen mühsam auf die Hochflächen geschafft werden. Wasserstellen waren so bedeutsam wie ein Heiligtum und deshalb wurden jedes Frühjahr Weiher, Quellen und Brunnen schon von den heidnischen Vorfahren geschmückt. Dadurch würden die Quellgötter milde gestimmt und ließen die Wasserquellen im Sommer nicht vertrocknen, so der einfache Glaube. Anfänglich stellte man wohl kleine Bäumchen um Brunnen und Quellen auf. Bäume waren den Menschen der Vorzeit heilig und besonders die immergrünen Nadelbäume galten als besonderes Zeichen von Fruchtbarkeit und Leben. Die ältesten Schriftdokumente sprechen dann von einer Bekränzung der Brunnen. Diese alten Traditionen – Bäumchen, Kränze und Kronen aus immergrünem Reisig – werden in den heutigen Osterbrunnen aufgegriffen.

Auch das Ei hatte für unsere Vorfahren eine besondere Bedeutung, ließ doch eine geheime, unbekannte Kraft in der Schale neues Leben entstehen. So ist das Ei ebenfalls Sinnbild der Fruchtbarkeit und des Lebens. Im christlichen Glauben wurde es als Symbol für neues Leben, für die Auferstehung und damit für Ostern übernommen. Das historische Verständnis für die Osterbrunnen mag den meisten Bewunderern heute fehlen, ein Augenschmaus sind die prachtvoll geschmückten Wasserstellen allemal.

Auf einem Felssporn thront **Burg Rabeneck** *über dem Tal.*

Volksfrömmigkeit und Wallfahrten hinterlassen manchmal bemerkenswerte Spuren. Etliche Kilometer von Gößweinstein entfernt Richtung Norden findet sich zwischen Köttweinsdorf und Moschendorf die sogenannte „Weiße Marter". Sie bildet nahezu in Originalgröße das Gößweinsteiner Gnadenbild der Allerheiligsten Dreifaltigkeit nach und wurde laut Inschrift vom Kronacher Metzgermeister Otto Wich 1767 gelobt. Er hatte bei einer Bittwallfahrt nach Gösweinstein sein verlorenes Augenlicht wiedergewonnen. Die übermannsgroße Marter wurde nach seinem Willen an der Stelle aufgerichtet, an der die von Norden kommenden Pilger zum ersten Mal die Wallfahrtskirche sehen. Die eindrucksvolle Bildsäule wurde vielleicht von der Hand des Bamberger Bildhauers Gollwitzer in Sandstein ausgeführt und dann barocker Gepflogenheit gemäß mit Bleiweiß „à la porcellaine" gefasst und vergoldet, was ihr den Namen „Weiße Marter" einbrachte. Als Ausdruck gelebter Volksfrömmigkeit mitten in der Landschaft, eingerahmt von drei Bäumen ist sie Ort stiller Andacht. Ihr Wert wurde in den letzten Jahren wieder entdeckt, was zu einer umfassenden Sanierung führte.

Unweit der Weißen Marter ragt die **Burg Rabeneck** über das Wiesenttal. Beeindruckend kleben die hohen und damit bauplatzsparenden Gebäude in schwindelerregender Höhe auf dem Felsen. Die Herren von Rabenstein ließen die Burg errichten und bildeten hier ihre Nebenlinie Rabeneck aus, die ab dem 13. Jahrhundert nachweisbar ist. Immer hatten aber auch die bedeutenden Territorialherren derer von Schlüsselberg Anteile an der Burg. Diesen Anteil erwarb nach Aussterben der Schlüsselberger 1348 das Hochstift Bamberg. 1742 stirbt auch das Geschlecht der Rabensteiner aus und die gesamte Burg gelangt in Besitz der Grafenfamilie Schönborn, die sie erst 1976 an einen Privatier verkaufte, der es als seine Lebensaufgabe betrachtete, die vernachlässigte Anlage wieder bewohnbar zu machen. Die Burg war äußerst wehrhaft. Stattliche Reste der Umwallung mit dem in den Befestigungsgraben hineingeschobenen Torturm zeugen heute noch davon. Der Torturm besitzt nach wie vor seine Schießscharten mit den dahinterliegenden Schießkammern und ein sogenanntes „Mordloch" im Tonnengewölbe der Durchfahrt. Die Burgmauern und Zwinger sind unterkellert und nach Aussage von Fachleuten handelt es sich hier um die ersten Kasematten einer Burg der Fränkischen Schweiz. Die Burgkapelle hatte innerhalb dieser Befestigung keinen Platz mehr. Halsbrecherisch wurde sie an den Steilabhang gebaut.

In unmittelbarer Nähe steht eine der optisch prachtvollsten Burganlagen der Fränkischen Schweiz mit ähnlichem Namen: **Burg Rabenstein.** Zitat aus einem Reiseführer (Wilhelm Malter, Deutsche Landeskunde, Oberfranken Ost, 1984[2]): *„Wessen Herz schlägt nicht höher, wenn ... man die Burg Rabenstein erblickt? Schmal nur ist der Wiesensaum im Tale, der Ailsbach schlängelt sich forellendurchschnalzt durch den Grund. ... Steil steigen die Hänge an, dem Buchenwald gesellen sich Fichten und Wacholderhalden mit hochstrebigen Büschen, was der ganzen Land-*

schaft einen eigenen Anhauch gibt. Auf einem weit ins Tal vorspringenden Felsensporn liegt die Burg. ... Diese Felsbildungen hier sind von besonderer Formung. Wie Wollsäcke übereinander geschichtet erscheinen sie, dann wieder wie der Stockzahn eines Riesen."

Die Burg wurde im 12. Jahrhundert von den Herren von Waischenfeld gebaut, die damit eine Nebenlinie „von Rabenstein" gründeten. Nach einem kurzen Intermezzo der Schlüsselberger gelangte sie in die Hand der Nürnberger Burggrafen, die sie an verschiedene Adelsherren zu Lehen vergaben. So kam sie wieder an die Rabensteiner. Nach dem durch Blattern bedingten Ableben des letzten Rabensteiners 1742 erwarben die Grafen von Schönborn die Burg, hielten aber den fortschreitenden Verfall nicht auf. Erst als das bayerische Königspaar 1829 einen Besuch auf der unbewohnten Burg plante, wurden umfangreiche Umbauten durchgeführt. Damals legte man auch den Burggarten an. 1970/71 wandelte man den Rabenstein in ein Tagungshotel um und griff schwerwiegend in die historische Substanz ein. Kurz darauf verkauften die Grafen von Schönborn die Immobilie an ein Reiseunternehmen, das die Burg vollständig in einen historisierenden Mantel hüllte. Das heutige Aussehen wird weitgehend von diesen Um- und Neubauten des 19. und 20. Jahrhunderts geprägt.

Auf der Burg Rabenstein kann man Skelette von eiszeitlichen Löwen, Bären und Hyänen besichtigen, die man in der benachbarten **Sophienhöhle** gefunden hat. Diese Höhle ist die älteste Schauhöhle der gesamten Fränkischen Schweiz, denn schon im 15. Jahrhundert war sie unter dem Namen Ahornloch bekannt. Damals, im Jahr 1480, hatte sie der Bayreuther Hans Breu entdeckt, als er versuchte Salpeter für die Herstellung von Schießpulver zu gewinnen. 1597 hören wir, daß der ständig an Geldmangel leidende Kurfürst Friedrich IV. von der Pfalz Leute in die Höhle schickte, um „die gelbe Materie" abzubauen, von der man glaubte sie enthielte Gold. Es handelte sich jedoch nur um schlichten Lehm. Auch die abgeschlagenen Stalaktiten, die man als „Salpeterspitzen" bezeichnete, entpuppten sich als Irrtum. Zum Glück hatte man zu diesem Zeitpunkt lediglich die mächtige Vorhöhle entdeckt. Erst als man 1833 eine Felswand durchbrach, gelangte man in eine Halle mit wunderschönen, strahlend weißen Tropfsteinen, die ihrerseits noch zwei weitere Hallen erschloß. Zahlreiche Knochenfunde von eiszeitlichen Bären und Hirschen, aber auch menschliche Siedlungsreste dokumentierten, dass die Höhle über Jahrtausende als Wohnbehausung und Winterquartier für Mensch und Tier diente. Die Höhle wurde nach Gräfin Sophie von Eltz, Schwiegertochter des damaligen Besitzers Graf Franz Erwein von Schönborn-Wiesentheid benannt. Er erließ wegen der Bedeutung der Funde strenge Vorschriften, um eine Plünderung der Höhle zu verhindern. Der Sage nach sollen sich hier alle 100 Jahre geheimnisvolle Bergzwerge zu einem großen Fest treffen. Sie waren nicht sonderlich begeistert über die Entdeckung ihrer glitzernden Zauberwelt und noch heute glauben manche Besucher ein Wispern zu hören oder einen vorüberhuschenden Schatten zu sehen.

Über der Höhle, hoch über dem Tal im felsigen Wald am Rand der Hochfläche steht die **Klaussteinkapelle.** Ludwig Richter hat sie in seinen Zeichnungen verewigt. Ihre Geschichte reicht bis in die Zeit der Herren von Ahorn zurück, die hier ihre Stammburg besaßen, aber bereits mit dem Bamberger Domherren Herdegen von Ahorn 1277 im Mannesstamm ausstarben. Das heutige Kirchlein steht an der Stelle der ehemaligen Burgkapelle, einige Teile dieser alten Burgkapelle bewahrend. Der Vorgängerbau soll der Überlieferung nach angeblich eine der vierzehn von Karl dem Großen zur Missionierung der Slawen errichteten Kirchen gewesen sein. Die Kapelle besticht durch ihre Bauform, denn man gelangt durch ein barockes Portal direkt auf die Westempore. Um in das Erdgeschoss zu kommen, muss man durch eine Öffnung im Fußboden über eine Holztreppe nach unten steigen. Das Innere des kleinen protestantischen Gotteshauses wurde von einheimischen Künstlern ausgestattet und ist durchaus beachtenswert. Unter der Kapelle findet sich noch ein geosteter, tonnengewölbter Raum. Das gesamte Ensemble, weithin sichtbar auf seinem Felsensporn, ist heute Wahrzeichen des Ailsbachtales. Der Ailsbach ist ein idyllisches Flüsschen, das bei Behringersmühle in die Wiesent mündet.

Burg Rabenstein *ist eine der prachtvollsten Burganlagen in der Fränkischen Schweiz.*

Zurück zur Wiesent liegt nahe der Burg Rabeneck die **Pulvermühle** romantisch im Tal. Es war die einzige Mühle der Fränkischen Schweiz, in der man aus Salpeter, Holzkohle und Schwefel Schießpulver für die Jäger der umliegenden Burgherren herstellte. Das kostete im Jahr 1806 der zweihundert Jahre alten Mühle ihr Dasein: Aufgrund einer Explosion flog sie in die Luft! Das danach lediglich noch landwirtschaftlich genutzte Grundstück wurde 1922 mit einer Gastwirtschaft bebaut. Diese Gastwirtschaft schrieb 1967 Literaturgeschichte. Vom 5. bis 8. Oktober traf sich hier die legendäre „Gruppe 47", eine 1947 gegründete Vereinigung politisch engagierter Publizisten. Die Gruppe wählte als Treffpunkt bewusst die ruhige, abgelegene Pulvermühle, weil das Vorjahrestreffen in der Universität Princeton stürmisch und unbefriedigend abgelaufen war. Der damalige Wirt der Pulvermühle hatte allerdings nicht viel übrig für Literatur und für linke Literaten erst recht nicht. Ebenso ging es dem Pfarrer, der seinen Missmut von der Kanzel posaunte. Der Wirt jedoch war geschäftstüchtig, sperrte angesichts drohender Störenfriede kurzerhand seine Zufahrtsbrücke und ließ nur die Schriftstellern passieren. Mehr als 70 kamen, die gesamte Elite der deutschen Nachkriegsliteratur: Guntram Vesper, Siegfried Lenz, Martin Walser, Günther Eich, Erich Fried. Mit ihnen auch Kritiker wie Marcel Reich-Ranicki und Rudolf Augstein. Die Welt drohte in diesem Jahr 1967 aus den Fugen zu geraten, darüber konnte auch die Idylle der Mühle nicht hinwegtäuschen. Der Vietnamkrieg stand vor der Tür, Studentenrevolten beunruhigten das Land. So kommt es auch vor der Pulvermühle zu Demonstrationen. Die Teilnehmer werden als „unpolitische Dichter" von Studenten in Clownkostümen veralbert, die zuguterletzt die Vietkongfahne hissen. Die Literaten geraten untereinander in heftige Diskussionen und spalten sich in zwei Gruppen. Die innere Harmonie war zerstört und Kritiker orakelten über das Ende der „Gruppe 47". Die führenden Mitglieder suchten nun selbst nach einem Weg der sauberen Selbstauflösung. Ein geplantes Treffen im Folgejahr in Prag musste wegen des Einmarsches der Roten Armee abgesagt werden. So traf man sich im kleinsten Kreis 1972 in Berlin und erneut 1977 in Saulgau, wo das Ende der berühmten Literatengruppe beschlossen wurde.

Einige Mitglieder der „Gruppe 47" waren damals auch im nahe gelegenen **Waischenfeld** untergebracht. Das Tal, durch das sich die Wiesent schlängelt, ist hier eng und zwang das Städtchen in die Länge. Auf den westlichen Felsenspornen hoch über dem Ort war ab 1100 eine mächtige Burganlage mit acht sogenannten Burghuten entstanden, auf denen Familien des ministerialen Adels saßen. Anfang des 14. Jahrhunderts hatte die Anlage ihre größte Ausdehnung erreicht. Es waren die Schlüsselberger, die diese Burg als zweites Machtzentrum neben der Neideck zur Beherrschung ihres Territoriums ausbauten. Auch die damals noch junge Stadt wurde mit einem Mauerring umgeben. Die Burghuten waren von verschiedenen, schlagfertigen Adelsfamilien besetzt. Ort und Burg schienen dadurch gut abgesichert. Doch erst wurde Waischenfeld durch den Bauernkrieg und dann durch den Markgrafenkrieg unter der Führung von Albrecht Alkibiades schwer angeschlagen. Nicht genug damit, zog der Dreißigjährige Krieg und mit ihm die Schweden ins Land. Die Burg wurde immer wieder beschädigt und bereits im 18. Jahrhundert mussten Teile wegen Baufälligkeit eingelegt werden. Nach der Säkularisation waren die Gebäude endgültig nutzlos und wurden als Steinbruch missbraucht. 1875 verkündet die Regierung von Oberfranken, *„daß die Ruine Waischenfeld ... nicht den geringsten Nutzen ... keinen be-*

Der „Steinerne Beutel" ist das Wahrzeichen von **Waischenfeld.**

sonderen historischen und ... architektonischen Wert hat, sondern lediglich zur Zierde der Gegend gereicht." Das besiegelte den großflächigen Abbruch. Nur einige wenige Bauten zeugen noch von der Existenz der mächtigen Verteidigungsanlage. Dazu gehört ein Rundturm, Rest der Eyb'schen Burghut, der zum Wahrzeichen des Städtchens wurde. Er trägt den Namen „Steinerner Beutel", weil er auf einem markant ausgebauchten Felsen steht.

An der Stelle der zerstörten Burgkapelle steht die heutige Pfarrkirche St. Johannes. *„Fridrich von Gottes gnaden bischove zu Wien. Römische, auch zu hungern und behaim (Ungarn und Böhmen) etc. kuniglicher Maiestät hofrathe. hot Gott zu Eren und aller mensche andacht disen Chor auff sein aigen kosten lassen machen. Im jar nach Christi geburt MDL (1550)"*, ist auf einer Inschrifttafel zu lesen. Der genannte Friedrich wurde unter dem Familiennamen Grau um 1490 in Waischenfeld geboren. Wie unter Humanisten üblich hat er seinen Namen lateinisiert. Aus „Grau" wurde „Nausea" vom lateinischen „nauseo = mir graut", was einigen Humor verrät. Er war der Sohn armer Wagnersleute, deren Haus noch an der Hauptstraße zu finden ist. Beim Einbau einer Heizungsanlage in der Kirche entdeckte man auch die sterblichen Überreste seiner Eltern. Als Chorschüler kam der kleine Friedrich an die Domschule nach Bamberg. 1518 durfte er den adeligen Sohn des damals hochbedeutenden Juristen Johann von Schwarzenberg zum Studium nach Italien begleiten. 1521 erhält er in Padua den Professorentitel für Rhetorik und Poetik. 1523 absolviert er ein glänzendes juristisches Examen mit dem Doktorgrad. Deutschland wurde in dieser Zeit durch die Reformation erschüttert. Zur Beilegung des Glaubensstreites bestimmte Papst Clemens VII. seinen Kardinal Lorenzo Campeggio als Legaten. Dieser ernannte Friedrich Nausea zu seinem Sekretär und brach mit ihm 1524 zum Reichstag nach Nürnberg auf. 1526 tritt Nausea die Stelle eines Dompredigers in Mainz an und wird einer der größten Kanzelredner Deutschlands. 8 Jahre blieb er in Mainz, seinen Aufenthalt immer wieder durch Reisen nach Italien unterbrechend. In Siena promoviert er zum Doktor der Theologie, was ihm eine glänzende kirchliche Karriere eröffnete. So drang sein Ruf bis nach Wien. Auf Wunsch König Ferdinands, Bruder Kaiser Karls V. wurde Nausea schließlich widerstrebend zum Koadjutor, also zum Stellvertreter und Nachfolger des Wiener Bischofs Johannes Fabri. 1541 tritt er nach dem Versterben seines Vorgängers mit allem Eifer das Bischofsamt an. Zehn Jahre später reist er, gesundheitlich angeschlagen, zum Konzil von Trient. In der Stadt war ein Fieber ausgebrochen, das ihn ans Bett fesselt und schließlich am Samstag, den 6. Februar 1552 zu seinem Tod führte. Seinen Leichnam überführte man nach Wien und setzte ihn im Stephansdom bei. In seinem Testament hatte Friedrich Nausea auch seine Heimatstadt Waischenfeld bedacht. Er überließ der Stadt seine Bücher, dem Rat 12 silberne Becher und sorgte durch eine Geldspende für die

Felsengekrönt liegt **Tüchersfeld** *im Püttlachtal.*

Vollendung der Kirche, deren prächtiger Chor noch zu seinen Lebzeiten begonnen worden war. Auch wenn das Gotteshaus nach seinem Tod nur vereinfacht zu Ende geführt wurde, zeugt die Kirche noch heute von der Verbundenheit des Bischofs Nausea zu seinem Geburtsort.

Seit Jahrhunderten diente die neben der Kirche stehende spätgotische Annakapelle als Beinhaus. Hier wurden die sterblichen Überreste aus aufgelassen Gräbern gestapelt. Als im 19. Jahrhundert der Friedhof aufgelöst wurde, überliefert der Volksmund, es habe eine Irre (eigentlich eine Irin) alle Knochen, derer sie habhaft werden konnte, aufgelesen und ins Beinhaus geschafft. Nachdem sich Erlangener Medizinstudenten immer wieder zu Studienzwecken mit Schädeln versorgten, wurde ein Gitter angebracht.

Ohne Zweifel bemerkenswert ist im unteren Ortsteil von Waischenfeld direkt am Fluss gelegen die Laurentiuskapelle mit dem benachbarten Armenstift. Die Kapelle überrascht durch eine hervorragende Rokokoausstattung, die zum Teil durch den Ebermannstädter Bildschnitzer Theiler ausgeführt wurde. Das Armenspital wurde 1514 durch den Bamberger Domherren von Rabenstein zu seinem eigenen und der Bevölkerung Seelenheil gestiftet. Hier fanden sieben Bedürftige Unterkunft und Verpflegung. Allerdings waren sie verpflichtet, mehrmals am Tag für das arbeitende Volk zu beten, das selbst nicht die Zeit hatte, sich ums eigene Wohlergehen vor Gott zu kümmern.

Waischenfeld liegt, wenn man das Herz der Fränkischen Schweiz sucht, schon am Rande. Anders **Tüchersfeld.** Die Silhouette der wildverzackten, bizarren Felsennadeln ist zum Erkennungsmerkmal für die ganze Region geworden. Auf überdimensionalen touristischen Werbeschildern an den Autobahnen prangt sie dem eiligen Reisenden entgegen und soll zu einem Besuch animieren. An diese Felsentürme, die man liebevoll mit Namen versehen hat – Wachposten, Bischofsgruppe ... – schmiegt sich der sehenswerte Judenhof, der als „Fränkische Schweiz Museum" genutzt wird. Der Name hält die Erinnerung an eine Bevölkerungsgruppe wach, die in Franken nicht vorrangig in Städten, sondern auf dem Land beheimatet war. Seit der Vertreibung aus den Residenz- und Reichsstädten im Mittelalter (1348/49) bis zur ungehinderten Möglichkeit, dorthin zurückzukehren (1861) lebte die Mehrzahl der Juden in Dörfern. Es war ein regelrechter Konkurrenzkampf unter den Grundherren, „Schutzjuden" aufzunehmen, die für ihr Bleiberecht zum Teil hohe Gelder zahlen mussten. Besonders im 18. Jahrhundert wurden den Juden von vielen Feudalherren bereitwillig aufgenommen. So in Ermreuth, Aufseß, Weilersbach, Pretzfeld oder Buttenheim.

Gerne wurden den jüdischen Siedlern zerfallene Burgruinen übertragen. In Tüchersfeld hielten die Juden um 1715 Einzug in der unteren Burg. Zwischen den Felsentürmen hatte Pfalzgraf Botho von Kärnten bereits im 11. Jahrhundert eine mächtige Befestigungsanlage errichten lassen. Diese Burganlage bestand aus einer Unter- und einer Oberburg, die beide im Dreißigjährigen Krieg stark beschädigt wurden. Hier konnten die Juden in einer geschlossenen Wohngemeinschaft ohne Aufsehen ihren besonderen Lebensgewohnheiten nachgehen. Nach einer Feuersbrunst 1758 wird auf den Grundmauern der alten Burg der jetzige Judenhof errichtet und das Siedlungsterrain vergrößert, um mehr Familien Platz zu bieten. Ca. 60 Menschen lebten nun im Judenhof. Bei diesem Neubau entstand auch die heute noch erhaltene Synagoge, ein sehenswertes Relikt längst verklungenen jüdischen Landlebens. Die Lage ist einzigartig. Wenn man die Höhe erklommen hat, tritt man durch ein Tor in den romantischen Innenhof, der von einzelnen kleineren Anwesen umschlossen wird. Hier wurde 1985 das Fränkische Schweiz Museum eröffnet, das von historischen Siedlungsaspekten über bäuerliches Wohnen und Handwerkerleben bis hin zu jüdischen Exponaten ein breitgefächertes Bild der Region bietet. Einer der steil aufragenden Felsen innerhalb des Judenhofes ist erschlossen und begehbar. Von ihm bietet sich ein atemberaubender Blick in die Tiefe und über das ganze Tal.

Der Erbauer der Burg Tüchersfeld, Pfalzgraf Botho von Kärnten war ein herrschsüchtiger Mann. Um das gesamte Pütt-

Die Synagoge im Fränkische Schweiz Museum in **Tüchersfeld.**

lachtal zu beherrschen, hatte er bereits die Burg **Pottenstein** (Bothostein) erbaut. Noch in der ersten Hälfte des 12. Jahrhunderts gelangte die Burg in den Besitz des Bistums Bamberg. So kam es, daß der Bamberger Bischof Ekbert von Andechs-Meranien 1228 hier seine Nichte, die Landgräfin Elisabeth von Thüringen, einquartieren konnte.
Elisabeth war 1207 als Tochter König Andreas II. von Ungarn und seiner Frau Gertrud von Andechs geboren worden. Bereits im Alter von vier Jahren kam sie an den thüringischen Hof auf der Wartburg und wurde gemeinsam mit den Kindern des Landgrafen Hermann I. erzogen. Mit 14 Jahren heiratete Elisabeth den Sohn des Landgrafen Ludwig IV. Der Ehe entsprangen ein Junge und ein Mädchen. Elisabeth war mit dem dritten Kind schwanger, als ihr Mann auf dem Kreuzzug 1227 ums Leben kam. Da sich Elisabeth weigerte wieder zu heiraten, und ihr Witwengut einforderte, wurde sie von ihrem Schwager Heinrich Raspe der Wartburg verwiesen. Ihre Tante Mechthild, Äbtissin des Klosters Kitzingen, brachte sie Anfang 1228 zu ihrem Onkel nach Bamberg. Auch er versuchte sie zu einer erneuten Heirat zu überreden. Doch als er die Aussichtslosigkeit erkannte, wies er ihr die Burg Pottenstein als vorläufigen Wohnsitz an. Nur wenige Wochen verbrachte Elisabeth in der Fränkischen Schweiz. Im April begleitet sie den Trauerzug ihres Gemahls zur Beisetzung in die Heimat, nachdem sie den Leichnam ihres geliebten Mannes in Bamberg in Empfang genommen hatte. Dort konnte eine Einigung über die ihr zustehende Witwenversorgung gefunden werden. Auf Anraten ihres Beichtvaters und engsten Vertrauten, des Deutschordensritters Konrad von Marburg, gründete Elisabeth mit den ererbten Geldern in Marburg jenes berühmte Spital, in dem sie sich in der Armenpflege aufrieb. Sie starb nach kurzer Krankheit in der Nacht vom 16. auf den 17. November 1231. Bereits drei Jahre später wurde Elisabeth heiliggesprochen.
Auf der Burg zeigt man heute noch das Zimmer, in dem Elisabeth gewohnt hat. Ihr zu Ehren hat man auf dem Marktplatz des Ortes den Elisabethbrunnen errichtet, der an das berühmte Rosenwunder erinnert. Einer Legende nach war Elisabeth von ihrem Mann ob ihrer Mildtätigkeit gescholten worden. Als sie eines Tages mit einem schweren Brotkorb die Wartburg verlassen wollte, um die Armen zu speisen, stellte er sie zur Rede. Da hob sie das Tuch, das den Korb bedeckte und es fanden sich statt Brot die herrlichsten Rosen.
Die Geschichte des Ortes ist eng mit der Burg verbunden. Pottenstein lag an der alten Nürnberger Handelsstraße nach Pegnitz und kam rasch zu Wohlstand. In einem Bamberger Rechnungsbuch des Bischofs Friedrich von Hohenlohe aus dem Jahr 1348 werden sieben (!) Mühlen aufgeführt. Die älteste war die sogenannte Stadtmühle, die bereits im 12. Jahrhundert erwähnt wird: Bischof Otto I. verlieh die Einkünfte aus der Mühle dem Benediktinerkloster Ensdorf. Der Betrieb einer Lohmühle, in der Baumrinden zermahlen wurden, zeugt von ansässigen Gerbern. Heute ist nur noch eine Mühle in Betrieb.
Ein einträgliches Geschäft war auch das sogenannte Vorspanngewerbe. Durchreisende

Im engen Tal liegt malerisch der Ort **Pottenstein** *überragt von der Burg.*

Kaufleute benötigten zusätzliche Zugtiere, um die schwer mit Waren beladenen Gespanne die Anhöhen hinaufzuschleppen.
Aufgrund seiner wirtschaftlichen Bedeutung wurde Pottenstein bereits im 14. Jahrhundert zur Stadt erhoben und hatte nun das Recht der Befestigung. Innerhalb dieser Befestigung konnte sich entlang der Hauptstraße und des Marktes der malerische Ort mit meist giebelständigen Fachwerkhäusern entwickeln. Man findet die barocke Spital- und Friedhofskirche St. Kunigund und das von Michael Küchel entworfene Elisabethenspital, das 1751-53 nach einem verheerenden Stadtbrand errichtet wurde. In der sehenswerten, mittelalterlichen Stadtpfarrkirche steht ein von dem Bildhauer Franz Anton Schlott und dem Bamberg Hofmaler Joseph Scheubel d. Ä. geschaffener Hochaltar. Er zeigt das Martyrium des Kirchenpatrons St. Bartholomäus, dem man die Haut abzog. Diese sogenannte „persische Strafe“ findet sich in der früheren Bezeichnung „persischer Apfel“ oder „Persich“ für den leicht zu häutenden Pfirsich wieder. Eine Besonderheit ist die Darstellung der Hl. Dreifaltigkeit im Auszug des Altares, die Gottes Sohn als Kind zeigt.
Pottenstein ist einer der schönsten und typischsten Orte der Fränkischen Schweiz. Von der romantisch zwischen die Felsen geschmiegten Burg

Der Barbarossadom in der **Teufelshöhle.**

oberhalb kann man das friedliche Bild des Dorfes am besten einfangen. Von hier hat man auch einen wunderbaren Blick auf die Berghänge, die seit 150 Jahren immer am 6. Januar ein einzigartiges Schauspiel bieten. Am 6. Januar begeht Pottenstein den Beschluss der Ewigen Anbetung. Die immerwährende Anbetung der Eucharistie war 1684 von Fürstbischof Marquard Sebastian Schenk von Stauffenberg eingeführt worden. Fürstbischof Friedrich von Seinsheim hat dann Mitte des 18. Jahrhunderts die eingeschlafene Tradition wieder belebt. Ausgehend vom Bamberger Dom wird das Allerheiligste tageweise in jeder Pfarrei der Diözese der Verehrung ausgesetzt. Seit 1905 ist die letzte Station vom 4. bis 6. Januar Pottenstein. Am Abend des letzten Tages ist die gesamte Stadt festlich beleuchtet und eine Prozession zieht von der Kirche aus durch die Gassen. An den Berghängen rundherum werden mehr als 400 Feuer entzündet und tauchen Stadt und Landschaft in ein unwirkliches, flackerndes, geheimnisvolles Lichtermeer. Wenn dann auch noch Schnee liegt, fühlt man sich in eine Zauberwelt versetzt und manchen der zahllosen Zuschauer mag ein Schauer der Allmächtigkeit Gottes ergreifen: Ehre sei Gott in der Höhe, Frieden auf Erden und den Menschen ein Wohlgefallen!

Nahe Pottenstein findet man noch große Flächen des früher so typischen Kalkmagerrasens. Der ehemalige Baumbestand der Fränkischen Schweiz wurde in den vergangenen Jahrhunderten durch Menschenhand gelichtet und gerodet. Eibenholz brauchte man aufgrund seiner großen Spannkraft zur Armbrust-Herstellung. Andere Holzarten wurden verfeuert. Durch intensive Nutzung der Rodungsflächen als Schafweiden überlebten besonders die Pflanzenarten, die von den Schafen gemieden werden. An erster Stelle Wacholder. Es entwickelten sich Wacholderheiden mit einer großen Vielfalt von Wiesenpflanzen und Kräutern, die die Trockenheit des Kalkbodens und die Hitze der Sonneneinstrahlung vertragen. So findet man in der Fränkischen Schweiz über 40 Orchideenarten. Als Gas und Öl Holz als Feuerungsmittel ersetzten und die Schafweide drastisch zurückging, begannen sich anspruchslose Bäume und Büsche auszubreiten. Dieser Verstrüppung muss Einhalt geboten werden, will man die Felsenlandschaften der Fränkischen Schweiz in ihrem typischen Erscheinungsbild erhalten. Inzwischen laufen Rodungsprogramme und auch die natürliche „Vegetationsbremse", die Schafe kommen wieder zum Einsatz.

Wenige Kilometer von Pottenstein Richtung Osten erreicht man die **Teufelshöhle.** Sie ist in jeglicher Hinsicht ein Superlativ. Nicht nur, dass sie mit ihren etwa 1500 Metern Länge die größte Tropfsteinhöhle Deutschlands ist, hat sie doch auch die meisten Besucher aller Höhlen der Fränkischen Schweiz. Ihr Eingang mit einer Höhe von 14 und einer Breite von 25 Metern ist ebenfalls der größte aller deutscher Höhlen und gab ihr den früheren Namen „Großes Teufelsloch". Es hieß, der Satan zerre hier die armen Seelen direkt in die Hölle und in der Neujahrsnacht entstiegen die Erdgeister dem Loch und trieben ihre teuflischen Spiele. *„Will ich mal träumen wie in Kindesjahren, von Wunderdingen am geheimen Ort, von güldnen Schätzen und den wilden Drachen ... dann steig' ich nieder in die Teufelshöhle, wo es beim Fackellichte glänzt und blitzt in tausend Funken aus den Wassertropfen gleichwie Karfunkelschein im Elfenreich; ... da sitz ich oft, indes die Fackel flattert, und schöpfe sinnend aus dem Märchenborn ..."* Als Pfarrer Johannes Grandinger 1907 diese Zeilen schrieb, da konnte man nur 80 Meter tief in den Fels vordringen, denn erst 1922 wurde der weitere Höhlenverlauf erforscht. Der Geologe Dr. Hans Brand war der Überzeugung, hinter dem Eingang befände sich ein verstürztes unterirdisches Flussbett, das weit in den Berg hineinführen müsste. Er hatte Recht! Mühsam wurde das System der unterirdischen Höhlen erschlossen, künstliche Treppenanlagen eingebaut, um mehr als 400 Meter Höhenunterschiede zu überwinden. Mächtige Felswände mussten durchbrochen werden, um die Wunderwelt der Grotten zu erschließen. Die Mühe hat sich gelohnt. Prachtvolle Tropfsteine – effektvoll angestrahlt und in klassische Musik getaucht – versetzen den Besucher in Erstaunen. Die schönsten und ältesten Stalagmiten haben Namen erhalten: Goliath und Barbarossa. Tatsächlich eine Höhle der Superlative!

Hoch über den Dächern von **Pottenstein** *thront auf himmelragenden Felsen die Burg Pottenstein. Bereits im Jahre 1070 zur Verteidigung gegen die Slawen erbaut, ist sie vor allem als Zufluchtsburg der Heiligen Elisabeth von Thüringen bekannt, nachdem sie die Wartburg verlassen musste.*

Die anderthalb Kilometer lange **Teufelshöhle** *ist die größte Schauhöhle Deutschlands und begeistert jährlich etwa 400 000 Besucher.*

Das **Große Hasenloch** *war eine Jägerstation des urgeschichtlichen Menschen während der Eiszeit, etwa 70 000 Jahre v. Chr. Fachleute fanden dort Stein- und Knochenwerkzeuge, Knochen von Höhlenbären und Höhlenlöwen, vom Mammut und Wollnashorn. Außerdem 1550 Tonscherben. Ein Spaziergang von Pottenstein zu diesem bedeutenden Fundplatz lohnt immer, vor allem, wenn man den Rundweg über die Hofmanns Kapelle benutzt, der bei der Pottensteiner Burg endet.*

Das **Püttlachtal** *bei Pottenstein ist einer der schönsten Talabschnitte der Fränkischen Schweiz. Für Wander-, Wasser-, Wassersport- und Kletterfreunde bietet es beste Voraussetzungen.*

Gößweinstein Herbstimpressionen: *Die Burg von Gößweinstein soll Richard Wagner bei seinem Parzival als Gralsburg inspiriert haben. Kahle Weiden, steiler Fels und darauf das Kreuz ergeben ein stilles Stimmungsbild über Gößweinstein.*
Lohnend ist die Wanderung von Gößweinstein zum Bärenstein wegen seiner Aussicht, die von Hohenmirsberg bis weit in den Süden reicht.

Die Fassade der Wallfahrtskirche zur Heiligsten Dreifaltigkeit in **Gößweinstein** *von Balthasar Neumann geplant, streng und klar, strahlt verhaltene Wärme, Festlichkeit und Harmonie aus.*

Das Gittertor der Friedhofskapelle hinter der Basilika ist eine prächtige, raffinierte, barocke Arbeit von Joseph Friedrich Dony (1725); ganz anderen Geistes ist die kunsthistorische Kostbarkeit des spätromanischen Portals in **Bronn,** *das mit der Adamspforte des Bamberger Domes in Verbindung gebracht wird.*

Souverän überragt die Turmkrone der Stadtkirche aus der Marktgrafenzeit die Dächerlandschaft der **Stadt Pegnitz.** *Im Inneren zeigt ein Altar von 1697 bemerkenswertes Schnitzwerk mit der Darstellung des letzten Abendmahls und der Anbetung der Hirten.*

Creussen *ist Heimat des berühmten Creussener Steinzeugs mit glanzvoller Emailbemalung, das vom 16. bis 18. Jahrhundert hier hergestellt wurde. Hier abgebildet ein Prachtexemplar eines Planetenkruges; oben, der Hungerturm, einer der romantischen Türme der Stadtmauer.*

nen der bedeutendsten Kunstschätze der Fränkischen Schweiz herbergt die Michaelskirche in Lindenhardt, den spätgoti-hen Flügelaltar von 1503, für den Mathis Gothardt Nithard, nannt Matthias Grünewald, zwei Tafeln mit den Vierzehn othelfern schuf. Der mittlere verschließbare Schrein zeigt aria mit Kind, daneben den Bamberger Bischof Otto und . Veit. Die Rückseite ziert nach einer Vorzeichnung rünewalds ein Schmerzensmann.

Die frühere **Wallfahrtskirche St. Marien zu Gesees** *wurde im 14. Jahrhundert zur Kirchenburg ausgebaut und im 16. Jahrhundert mit fünf Ecktürmen versehen, von denen heute noch einer erhalten ist (siehe Bild oben).*
In der Vorhalle haben sich Reste einer spätgotischen Wandmalerei erhalten, so u.a. der Tod Marias (siehe unten).

Das **Schloss von Trockau,** *1770 und 1780 im Barockstil umgebaut, ist im Besitz der Freiherrn Groß von Trockau und kann nicht besichtigt werden. Beim Blick durch das Eingangstor sieht man die im Kern noch mittelalterliche Schlosskapelle vor der Schaufassade des Schlosses. Das Geschaute hat den stillen Zauber eines Märchenschlosses.*

Überwältigend, umgreifend ist die Aussicht vom Turm auf der **Hohenmirsberger Platte,** *die mit 814 m die höchste Erhebung der Fränkischen Schweiz ist.*

Die östliche Fränkische Schweiz oberhalb von Pegnitz

Wie Forchheim als westliches, so wird **Pegnitz** als östliches Eingangstor zur Fränkischen Schweiz bezeichnet. 1119 zum ersten Mal erwähnt, erhielt Pegnitz bereits 1355 von Kaiser Karl IV. das Stadtrecht. Diese Stadt nun teilt sich in zwei Bereiche: Die Ursprungssiedlung und die von den Landgrafen von Leuchtenberg 1347-57 planmäßig angelegte Marktsiedlung mit einer breiten Hauptstraße, die sich am Rathaus platzartig erweitert. Zum Schutz dieser Marktsiedlung ließen die Leuchtenbergs eine Burg errichten. 1357 wird die Burg an Kaiser Karl IV. verkauft und bekam nun den Namen „Böheimstein". Sie war eine wichtige Station für den böhmischen König auf Reisen in den Westen und zur Sicherung der Westgrenze des Böhmerreiches strategisch wertvoll.

Das Rathaus der Stadt **Pegnitz.**

Von der im Markgrafenkrieg 1553 zerstörten Burg ist fast nichts mehr zu sehen. Dennoch ist der Schlossberg heute noch Wahrzeichen von Pegnitz. Anstelle der Burg steht ein Aussichtsturm.

Ihren Namen bekam die Stadt vom gleichnamigen Fluss, der zu Füßen des Schlossberges entspringt. Gleich hinter ihrer Quelle stellt sich der Pegnitz ein Berg in den Weg. Das Bächlein verschwindet im lockeren Werkkalk und tritt nach etwa 400 Metern an der anderen Seite des Berges wieder aus, der aus diesem Grund den Namen „Wasserberg" bekam. Markgraf Friedrich von Bayreuth, Gemahl der Wilhelmine, kam eigens, um dieses Naturschauspiel zu sehen.

Drei Kirchen gibt es in Pegnitz: Die evangelische Pfarrkirche entstand im neobarocken Stil ab 1898. Dafür riss man die aus dem 17. Jahrhundert stammende Bartholomäuskirche ab. 1927 baute man die katholische Pfarrkirche „St. Mariae Namen". Sie erhielt eine Barockausstattung, die man aus anderen Kirchen aufkaufte. Und letztlich eine kleine unbedeutende Friedhofskirche aus der 2. Hälfte des 14. Jahrhunderts.

Richtung Norden, nahe der Rotmainquelle findet sich die Ortschaft **Lindenhardt.** Der Name ist vielleicht auf reichen Lindenbestand im „Lindenhardter Forst" zurückzuführen. Romantischer klingt die Auslegung des Marktwappens. Es zeigt einen Lindwurm. Er soll bis zu seiner Tötung durch einen tapferen Ritter am Standort der heutigen Kirche seine Höhle gehabt und von hier aus die Gegend unsicher gemacht haben. Um 1130 wurde die Pfarrei „Zu unserer lieben Frau" in Lindenhardt gegründet. Der berühmte Bamberger Bischof und Heilige Otto I. hat die Weihe vorgenommen. 1529 wurde Lindenhardt lutherisch und damals änderte man zur Erinnerung an die Legende vom Drachentöter das Patronat der Kirche. Neuer Patron wurde der Erzengel Michael. Im April 1684 wurde der Ort von einem verheerenden Feuersbrunst heimgesucht. Die großen Verluste an historischer Bausubstanz sind heute noch spürbar. Dieser Brand hatte für die Marktgemeinde jedoch eine späte glückliche Wende, trug er doch zu ihrer heutigen Berühmtheit bei. Bis auf „fünf Häuslein" war Lindenhardt niedergebrannt und das reiche Nachbardorf Bindlach schenkte seinen Flügelaltar, der schon 1665 durch einen neuen barocken Altar ersetzt worden war. Dieser spätgotische Altar aus dem Jahr 1503 war „übrig". Dankbar nahmen die Lindenhardter das Geschenk an und der Altar erhielt seinen heutigen Platz als Hochaltar der Lindenhardter Michaelskirche. Die Festtagsseite zeigt im Mittelschrein Maria und die Heiligen Otto I. von Bamberg und St. Veit. Auf den Flügeln sieht man das heilige Kaiserpaar Heinrich II. und Kunigunde, sowie St. Wolfgang und St. Bartholomäus.

Die Gemälde auf den Rückseiten, die die 14 Nothelfer darstellen, wurden nie beachtet. Erst 1912 nannte man erstmals den berühmten Maler Matthias Grünewald als Künstler dieser Bilder. Nun begann zunächst eine planmäßige Restaurierung, die bis in die jüngste Zeit andauerte und darauf folgend eine intensive wissenschaftliche Erforschung der Tafeln. Die Zuschreibung ist heute unumstritten. Es handelt sich um das früheste datierte (1503) Werk des fränkischen Malers und zeigt bereits die fein differenzierte Farbigkeit und den geschickten Bildaufbau, die den Künstler auch später auszeichnen. Viele hundert Menschen kommen alljährlich, um die Bildtafeln zu sehen. Wenn man die erste Enttäuschung über die verblassten Bilder mit den zusammengedrängten Personen überwunden hat, dann wird man bei längerem Hinsehen erkennen, dass hier wahrhaft ein Meister seines Faches am Werk war. Und so hat eine Brandkatastrophe ein glückliches Ende gefunden, auch wenn sich die Bindlacher heute manchmal über die großzügige Herzensgüte ihrer Vorfahren ärgern mögen.

Seit 1685 beherbergt die Kirche von Lindenhardt einen Flügelaltar mit Schmerzensmann und den Vierzehn Nothelfern von Matis Gothardt Nithardt.

Unweit Lindenhardt, direkt an der Autobahn Nürnberg-Bayreuth hoch über dem Püttlachtal gibt es einen besonderen Anziehungspunkt der östlichen Fränkischen Schweiz: **Trockau.** Trockene Auen führten zum Namen des Ortes. Die ansässige Familie Groß nannte sich nach ihrem Stammsitz und wurden zu einem bedeutenden Adelsgeschlecht, das sogar Bischöfe stellte. 700 Jahre bewohnte die Familie Groß von Trockau die Burg. 1769-79 entstand durch Karl Ludwig Kasimir Wilhelm Groß von und zu Trockau, Kohlstein und Tüchersfeld, hochfürstlich bambergisch und würzburgischen Geheimrat und Oberamtmann in Kupferberg und Marloffstein die heutige Schlossanlage. Die ehemalige Vorburg wurde zum Wirtschaftshof umgestaltet. Ein stattliches Viehhaus und eine große Scheune gestalten diesen Bereich. Die Innenausstattung des Schlosses ist sehr wertvoll, kann jedoch wegen der privaten Nutzung des Schlosses nicht besichtigt werden.

Ein weites Stück zurück nach Westen, durch den Glashüttener Wald getrennt vom Landkreis Bayreuth, liegt vor romantischer Waldkulisse das Dorf **Volsbach.** Der Ort besitzt eine der ansehnlichsten Kirchen des Landkreises. Der Außenbau bietet einen imponierenden Anblick. Eine Eigenart der Architektur: Jeweils drei kleine Säulchen bilden gemeinsam die Stützen des gotischen Chores und des Langhauses. An ihnen hat ein unbekannter Steinmetz seiner Phantasie freien Lauf gelassen. Ein solcher Pfeiler zeigt einen Echsen- und einen Hasenkopf. An einem anderen streckt uns ein nackter Mann sein Hinterteil entgegen. Mehr noch: Mit einer deutlichen Geste zeigt er, was man ihn kann. Er setzt derb ins Bild, was die Bamberger Gärtnersfrau Agnes Schwanfelder am 4. Oktober 1454 bei einem nächtlichen Streit zu einem Stiftsherren gesagt hat: Er möge sie *„im arse lecken!“*. 1474, also 20 Jahre später entstand das Langhaus der Kirche in Volsbach. Die Franken waren und sind bis heute ein derber, aber ehrlicher Menschenschlag, der sagt, was er denkt und tut, was er für richtig hält, ohne zunächst einmal über die Folgen nachzudenken. Für Agnes Schwanfelder bedeutete es einen Gerichtsprozess, für unseren Steinmetz in Volsbach hatte es keine Folgen, lediglich, dass der heutige Betrachter pikiert schmunzelt.

Eine typische Landschaft der Fränkischen Schweiz.

Typisch für das **Ailsbachtal** *sind Kahlhänge mit Felstrümmern besetzt, dazwischen Wacholderbäumchen, locker verstreut.*

Als krönender Abschluss des wildromantischen Ailsbachtales thront die **Burg Rabenstein,** *die im 12. Jahrhundert gegründet, heute aufs beste neu ausgestattet, sich als Herberge nobler Festlichkeiten anbietet.*

Wer mittelalterliches Burgenmilieu erleben will in rauen Gewölben, engen Höfen, der sollte auf **Rabeneck** *hinaufwandern oder fahren. Ein Felsennest mit steilen Mauern in dem noch Ritteratmosphäre herrscht.*

Mittelalterlichen Ritterturnieren kann man auf dem historischen Stechanger der Schlüsselberger bei **Reizendorf** *zuschauen.*

Beeindruckend sind die Felsen der **Riesenburg.**

Das **Aufseßtal** *zwischen Kuchenmühle und Doos, ist einsam, idyllisch und wunderbar bequem zum Wandern.*

Der „Steinerne Beutel" ist das Wahrzeichen von **Waischenfeld.**

Die von J. J. Michael Küchel entworfene Barockkirche von **Nankendorf** *fügt sich harmonisch in die Landschaft von Berg und Fluss ein.*

Schloss Plankenfels, *auf steilem Fels erbaut, vom Lochautal gesehen, gehört im stillen Einklang von Bach und Fels zu den romantischsten Bildern der Fränkischen Schweiz.*

Die **Mühle bei Wadendorf** *mit ihrem unterschlächtigen Stelzrad liegt an der Wiesent, deren Ufer von Fels, Strauch und Baum gesäumt wird.*

Vom 587 Meter hohen Bergplateau der **Neubürg** *hat man einen Panoramablick von berauschender Augenweide. Vom Tafelberg schaut man im Osten bis Bayreuth und zum Ochsenkopf, im Süden erblickt man die Berge bei Hohenmirsberg, im Westen, wie hier auf dem Bild, sieht man über die Wälder hinweg zum Plankenstein.*

Im Norden der Neubürg liegt vor der Ortschaft **Obernsees die Ruppertkapelle** *inmitten alter Linden. Auf ihrer Südseite findet sich eine Brunnenstube. Vom mineralhaltigen Wasser der Quelle erhoffte man sich seit grauer Vorzeit Hilfe gegen Gicht und Augenleiden. Die jetzige Kapelle wurde 1479 erbaut. Sicher aber war hier schon viel früher eine Kultstätte.*

Eine sehr bemerkenswerte, seltene Gliederung des Außenbaus zeigt die **Kirche Mariae Geburt** *in* **Volsbach,** *indem sie Strebepfeiler wie eine Bündelung von je drei Diensten verwendet.*
An der Südwestecke ist der Strebepfeiler schräg gestellt und hat als Bekrönung einen Drachen. Bei einer Regotisierung gingen leider 1901 die alten Altäre verloren und wurden durch neugotische (siehe Bild!) ersetzt.

Das **Schloss Oberaufseß** *hatte sich einer der Herren von Aufseß 1690 aus einem Gutshof zu einem Schloss umgebaut.*

Eine mächtige Mauer mit zwiebelbekrönten Rundtürmen umschließt die mittelalterliche **Burg Unteraufseß.**
Gegen die Bergseite zu erhebt sich der älteste Teil, der Bergfried aus dem 12. Jahrhundert.
Das tieferliegende Hauptgebäude, hakenförmig um einen Hof gelegt, erhielt seine heutige Gestalt um 1677.
Den Mittelpunkt der Anlage bildet die alte Schlosskapelle, 1740 in barocke Form gebracht.

Nahe der **Heroldsmühle** *– bereits 1355 wird ein Müller Heroldstein genannt – entspringt die Leinleiter.*
Der Mittelpunkt von **Heiligenstadt** *ist das prächtige Rathaus.*
Hier kann man auch gut das Bewässerungssystem eines Baches studieren (siehe Bild unten), das seit Jahrhunderten gehandhabt wurde, und eine gewichtige Rolle im Wasserrecht seit dem Mittelalter spielte.

Hoch über Heiligenstadt thront das **Schloss Greifenstein,** *Familiensitz der Grafen von Stauffenberg, mit seinen reichgeschmückten Türen der Innenhöfe.*

Die Geschichte der **Burg Zwernitz** *mit ihrem 35 Meter hohen Bergfried reicht bis ins 12. Jahrhundert zurück.*

Beim benachbarten **Felsengarten Sanspareil** *wurde von der Markgräfin Wilhelmine ein wilder Felsenhain zur Zauberinsel Ogygia gewandelt. Mit dem Felsentheater und dem Morgenländischen Bau hat die Zeit der Empfindsamkeit sich ein Denkmal gesetzt.*

Freienfels, *hoch über der oberen Wiesent in und auf einem fünfzig Meter hohen Felsen erbaut, wurde im Laufe seiner Geschichte immer wieder gestürmt und zerstört. Das Schloss in seiner heutigen, imposanten Gestalt, entstand zwischen 1693 und 1701.*

Das Wittauerhaus in **Hollfeld** *neben dem Rathaus zählt zu den schönsten Fachwerkhäusern der Fränkischen Schweiz. Eindrucksvoll ist die Turmfassade der Kirche Mariä Himmelfahrt, nicht minder bedeutsam sind die Altäre und die Kanzel (siehe Bild), die aus der ehemaligen Dominikanerkirche von Bamberg um 1760 stammen. Erschütternd der Kreuzschlepper in der Salvatorkirche.*

Landschaft im oberen Wiesenttal.

Senkrecht an der Talstraße, gleich neben der Wiesent, steigen in **Wiesentfels** *die Jurawände empor, auf denen das heutige Schloss nach mehreren Vorgängerbauten zwischen 1476 und 1481 errichtet wurde.*

Herrliche Felsgebilde, oft bewachsen mit Kiefern säumen die Wiesentufer und manch alten Bauernhof kann man hier entdecken.

33

Die **Giechburg** *wurde erst im 19. Jahrhundert zur Ruine. Das beschädigte Renaissanceportal zum Innenhof und der Bergfried des 13. Jahrhunderts sind letzte, traurige Zeugnisse alter Pracht.*

Kommt man von Bamberg, kündet sich bei **Scheßlitz** *die Fränkische Schweiz an: In der Umgebung ragen die ersten Felsen aus den Wäldern und von der St. Kilianskirche sieht man „hautnah" den Berg, auf dem die Giechburgruine steht. Glanzstück der Stadt ist der Dilligsche Hof, in dem füher die Zunftstube der Brauer war.*

Der Norden zwischen Bamberg und Bayreuth

Die Grenzen der Fränkischen Schweiz exakt zu bestimmen, ist schwierig. In manchen Büchern wird Scheßlitz als nordwestliches „Tor zur Fränkischen Schweiz" bezeichnet. Andere erwähnen Scheßlitz nicht einmal am Rande. Nur wenige Kilometer entfernt entspringt die Wiesent, Hauptschlagader der „Fränkischen" und direkt hinter Scheßlitz steigen die Jurahöhen an. So ist dieses altehrwürdige Städtchen Grenzort, aber nicht mehr zugehörig und es beginnt dieses Kapitel nicht mit Scheßlitz, sondern mit Giechburg und Gügel. In einem Wanderführer werden die beiden nicht umsonst als das „hohe Paar" bezeichnet, denn ihre gemeinsame Silhouette auf den ersten Höhen des Jura ist einzigartig.

Auf einem imposanten Bergkegel erhebt sich die **Giechburg,** eine der ältesten und zugleich beeindruckendsten Burganlagen der Fränkischen Schweiz. Schon in vorgeschichtlicher Zeit war die Anhöhe aufgrund ihrer strategischen Bedeutung besiedelt. Unter den mächtigen Markgrafen von Schweinfurt errang die Festung im 10. Jahrhundert den Status einer Landesburg. Auf dem Erbwege gelangte sie an den thüringischen Grafen Wilhelm von Lützenburg, der schon bei der ersten urkundlichen Erwähnung der Burg 1125 den Namen Wilhelm von Giech führt. 1390 kommt die Giechburg in Besitz des Bistums Bamberg und dient nun als Sitz der bischöflichen Vögte. Obwohl sie im Laufe ihrer Geschichte mehrmals zerstört wurde, ließen die Bamberger Bischöfe die Wehranlage immer wieder restaurieren. Sie war von größter Wichtigkeit, diente sie doch als Vorposten für Bamberg bei Angriffen aus dem Osten. Mittels Feuerkorb am Bergfried warnte man die Stadt Bamberg vor drohender Gefahr.

Am Ende des 17. Jahrhunderts, als die Zeit großer Befestigungen lange vorbei war, hegte Bischof Marquard Sebastian Schenk von Stauffenberg eine besondere Liebe für die einzigartige Lage. Er hatte den Plan, die Burg in eine schlossartige Anlage umwandeln zu lassen. Nach seinem Tod 1693 wurden die Arbeiten jedoch im Rohbau eingestellt. Nach der Säkularisation 1803 kam Franken an das Königreich Bayern und der königlich-bayerische Beamte Baron von Hohenhausen wurde beauftragt „überflüssige Gebäude" abzureißen. Dieses Schicksal blieb der Giechburg zwar erspart, doch entwickelte der Baron hier die wahnwitzige Idee, durch das Abtragen aller Dächer aus der Burg im Sinne der Romantik eine künstliche „malerische Ruine" zu machen. 1819 kaufte der im nahen Thurnau ansässige Hermann Graf von Giech den Stammsitz seiner Familie, um dadurch die Anlage vor dem völligen Verfall zu retten, was nur bedingt gelang. 1932 starb die Familie im Mannesstamm aus und nach mehreren Besitzerwechseln kam die Giechburg letztlich 1971 an den Landkreis, dessen engagierter Landrat seine ganze Liebe in den Erhalt legte. Heute ist die Ruine der Giechburg vor weiterem Unheil bewahrt und der Öffentlichkeit zugänglich.

Wer die Giechburg besucht, sollte das an einem klaren Sommerabend tun, wenn glutrot die Sonne am Horizont steht. Der Blick ist atemberaubend schön und wer dann vom hohen Felssporn ins weite Tal bis Bamberg blickt, fühlt sich unwillkürlich an eine Zeile aus dem Frankenlied des Romantikers Viktor von Scheffel erinnert: *„Ich wollt' mir wüchsen Flügel"*. Die Romantiker waren es auch, die gerade solche Burgen und Ruinen in wundervollen Dichtungen besangen. Einer von ihnen war Richard Wagner, der zugleich mit Wolfram von Eschenbachs „Parzival" und dem Tannhäuser fränkischen Minnesängern ein Denkmal setzte. Die Ruine der Giechburg lässt das fröhliche Treiben vergangener Zeiten lebendig werden, als die Troubadoure von Burg zu Burg zogen. Franken war ein Zentrum des Minnesangs. Der Nährboden war gut, denn Minnesang ist gebunden an aristokratische, ritterliche Standeskultur und an die Ideale höfischen Lebens: Treue, Ehre, Mut und Frauenlob.

Lassen wir Tannhäuser (ca. 1205-1270) sprechen, den berühmtesten aller fränkischen Minnesänger:

„Dank Deiner Huld! Gepriesen sei Dein Lieben.
Beglückt für immer, wer bei Dir geweilt!
Ewig beneidet, wer mit warmen Trieben
In Deinen Armen Götterglut geteilt! ...
Stets soll nur Dir, nur Dir mein Lied ertönen!
Gesungen laut sei nur Dein Preis von mir!
Dein süßer Reiz ist Quelle alles Schönen,
und jedes holde Wunder stammt von Dir!
Die Glut, die Du mir in das Herz gegossen.
Als Flamme lodre hell sie Dir allein.
Ja, gegen alle Welt will unverdrossen
Fortan ich nun Dein kühner Streiter sein ..."

Von der Giechburg führt ein schöner Fußweg zur gegenüber liegenden Wallfahrtskapelle **Gügel,** die an der Stelle einer abgegangenen Burg kurz nach 1600 entstand. Das freistehende malerische Kirchlein steht waghalsig über Felsen auf einem hohem Mauersockel. Den Haupteingang der doppelgeschossigen Kapelle erreicht man nur über eine brückenartige Steintreppe, doch man kann das Gotteshaus auch

Von der Höhe grüßen Giechburg und Gügel.

durch das Untergeschoß betreten. Vorbei an einer Hl. Grab-Anlage gelangt man dann über eine halsbrecherische Eisentreppe in den darüberliegenden Hauptraum, der durch seine Lichtfülle und reiche Ausstattung besticht. Der Hochaltar mit seinem bedeutenden und zugleich seltenen frühbarocken Aufbau wurde 1620 geschaffen. Im Altarbild setzt der Hofmaler Wolf Fugher hinter die Maria Himmelfahrt eine Stadtansicht von Bamberg. Besonders bemerkenswert ist jedoch die Darstellung eines bekleideten Christus am Kreuz, gemeinhin als „Hl. Kümmernis" bezeichnet. Ihre Verehrung taucht erst im 15. Jahrhundert auf und trägt alle Kennzeichen einer Erdichtung. Die schöne junge Christin Khumeria, Tochter eines heidnischen sizilianischen Königs, hatte Maria Keuschheit bis zum Tod gelobt. Als sie verheiratet werden sollte, bat sie die Gottesmutter, sie so zu verändern, dass kein Mann sie begehre und doch Gott Wohlgefallen an ihr habe. Maria gab ihr das Aussehen ihres eigenen Sohnes. Der erzürnte Vater ließ sie daraufhin kreuzigen, so wie es Christus geschah. So die Legende.
In Wahrheit jedoch ging die Geschichte der Heiligen aus einem Missverständnis hervor. Pilger und fahrende Spielleute hatten das berühmte „Volto Santo" im Dom zu Lucca gesehen. Die Verehrung dieses hochverehrten bekleideten Christus verbreitete sich ab dem 12. Jahrhundert besonders durch die Troubadoure in Südfrankreich und dann auch in Süddeutschland. Ab dem 15. Jahrhundert macht das Volk aus dem Volto Santo die tapfere Jungfrau Khumeria, die als Hl. Kümmernis in die Geschichte einging.

Wenige Kilometer Richtung Osten direkt an der Bundesstraße 22 liegt das Dorf **Steinfeld.** Der Ort besitzt außer einer gotische Pfarrkirche eine nach wie vor besuchte Wallfahrtskapelle. In ruhiger Einsamkeit zehn Minuten Wegs Richtung Süden steht neben einer prachtvollen Linde die kleine Hl. Kreuz Kapelle. Sie wurde um 1650 an einer Stelle erbaut, wo seit Menschengedenken ein vom Volk verehrtes Wegekreuz stand. 1702 hat man sie erweitert. Das Innere überrascht und zeugt von inniger Frömmigkeit. Ein Ort stillen Verweilens.
Am Straßenrand etwa in der Ortsmitte weist ein Schild auf die Wichtigkeit Steinfelds hin. „Zur Wiesentquelle" ist zu lesen. Aus mehreren Sickerstellen bildet sich ein Bächlein, Beginn eines 60 Kilometer langen Wasserlaufes, der sich in zahllosen Windungen durch Wälder, Felslandschaften und Täler den Weg bahnt, bis bei Forchheim die Wiesent in die Regnitz mündet. Die fränkische Elbe, so wird die Wiesent hin und wieder in älteren Quellen genannt. Hier in Steinfeld beginnt sie zu fließen.

Sie begleitet den weiteren Weg nach Osten und stolz tragen ein Dorf und seine Burg, die beeindruckend auf einem Fels thront, ihren Namen: **Wiesentfels.** 40 Meter liegt die Burg über dem gleichnamigen Ort auf einer mächtigen Dolomitklippe. Sie gehört zu den großartigsten und malerischsten der Fränkischen Schweiz. Die barocke Lindenallee, die zum Eingang führt, steht inzwischen unter Naturschutz. 1333 wird eine Burg erstmals als Bamberger Lehen der Herren von Giech erwähnt. Nach ihrer teilweisen Zerstörung beim Einfall der Hussiten 1430 wurde sie abgetragen und es entstand die heutige Burganlage. Die Herren von Giech waren loyale Gefolgsleute des Bamberger Bischofs. Das aufgebrachte Volk ließ deshalb seine Wut im Bauernaufstand 1525 besonders heftig am bischofstreuen Wiesentfels aus. Nach der blutigen Niederschlagung des Aufstandes erhielten die Herren von Giech eine großzügige Summe als Entschädigungszahlung für ihr zerstörtes Hab und Gut. Damit wurde die Burg wieder aufgebaut. Die Treue zum Bamberger Bistum währte jedoch nicht ewig. Im Dreißigjährigen Krieg schlägt sich Hans Christoph von Giech auf die markgräflich-protestantische Seite. Er fällt auf dem Schlachtfeld. Bis 1938 ist die Burg Eigentum und Wohnsitz der Familie. Auch heute noch ist die ansehnliche, besterhaltene Anlage in Privatbesitz und leider nicht zugänglich.

Zurück im Tal begleitet die Wiesent weiter Richtung Osten. Durch den Weiler Loch, der seinen Namen von einem gigantischen Loch im Felsen erhielt, gelangt man nach **Freienfels.**

Nicht weniger imposant als Wiesentfels ragt die Burganlage in 45 Meter Höhe auf einer Gesteinsklippe über das Tal. 1338 wird die Burg erstmals erwähnt. Sie ist freies Eigentum der Herren von Aufseß. Die „edelfreien" Adeligen, zu denen die Aufseß gehörten waren nur dem Kaiser untertan und sonst keinem Herren zu Diensten. Der Name von Dorf und Burg bringt das zum Ausdruck. Neben der Stammburg Aufseß war Freienfels der Hauptsitz der Familie. Die Freiheit währte jedoch nicht lange. Die Herren von Aufseß mussten sich dem Druck der mächtigen Nachbarn beugen. Die Burggrafen von Nürnberg und auch der Bamberger Bischof gewinnen zunächst nur Anteile an der Burg, bis 1510 der letzte freieigene Teil an Bamberg geht. Die Aufseß, immer noch auf der Burg ansässig, wenden sich dem Protestantismus zu. So bringt der Dreißigjährige Krieg verheerende Zerstörungen, denn abwechselnd war Freienfels von protestantischen Schweden und dann wieder von katholischen Bamberger Soldaten besetzt. 1681 traten die Aufseß wieder zum Katholizismus über und können nun die Burg Freienfels vom Bistum Bamberg auslösen. Dieser Übertritt wird den neuen Besitzer von Freienfels, den beiden Söhnen des Hans Wilhelm von Aufseß durch hohe Offizierstellen und zusätzlich 1695 durch Erhebung des Geschlechts in den Reichsgrafenstand gelohnt.

1690 war die ruinöse Burg in den Besitz des Bamberger Domherren Carl Sigismund von Aufseß gelangt. Er ließ die mittelalterlichen Gemäuer abreißen und zwischen 1693 und 1701 das heutige Schloss bauen. Carl Sigismund und die nachfolgenden Generationen gehörten zu den reichsten Rittergutbesitzern Frankens. Das Schloss erlebte eine glanzvolle Zeit. Am Ende des 18. Jahrhunderts musste das Anwesen wegen Misswirtschaft jedoch unter gerichtliche Zwangsverwaltung gestellt werden. Bei der Säkularisation standen die Gebäude leer und so konnten die Räumlichkeiten während der napoleonischen Kriege als Kriegsgefangenenlager dienen. 1918 verkaufen die Freiherren von Aufseß das Schloss. Während des Dritten Reiches wurde Freienfels von den Nazis als „Gauschule für die deutschen Arbeitsfront" beschlagnahmt und für Parteizwecke verwendet Später dienten die Gebäude als Kindererholungsheim der Stadt Nürnberg. Heute gehört es einer Bayreuther Kaufmannsfamilie und ist aus diesem Grund nicht zugänglich.

Freienfels ist eine der interessantesten Schlossanlagen des Wiesenttales. Zur Hochfläche war die Burg ehemals durch zwei Halsgräben geschützt. Die um 1690 entstandene Pfarrkirche erhebt sich noch außerhalb des ersten Grabens. Hier stand die ehemalige Burgkapelle. Den ersten Graben überquert man mittels eines Holzstegs, den zweiten überspannt eine Steinbrücke. Diese Doppelbewehrung mit dem Wehrgang und Rundtürmen verschafft dem barocken Schloss seine besondere Note.

Der Weg führt weiter durch das Wiesenttal Richtung Osten. In der Nähe von Weiher ragen die Ruinen einer Burg auf: **Neidenstein.** Nach Zerstörung im Dreißigjährigen Krieg wurde die Burg, die sich im Besitz der Herren von Aufseß befand, nicht wieder aufgebaut und verfiel. Heute stehen nur noch die eindrucksvollen Reste einer mächtigen Kemenate, die vom Volksmund aufgrund ihrer Form als „Salzfass" bezeichnet wird. Wenn der Wind durch das rauhe Bruchsteinmauerwerk pfeift und die Raben kreisen, dann erweckt die Ruine Neidenstein das Bild eines Gemäldes von Caspar David Friedrich und Schillers Verse, wenngleich auch für eine andere Ruine gedichtet, vermitteln den Genius loci:

Einsam steh'n des öden Tempels Säulen,
Efeu rankt am unverschlossnen Tor,
Sang und Klang verstummt, des Uhu's Heulen
Schallet nun im eingestürzten Chor.
Weg sind Prunk und alle Herrlichkeiten,
schon enteilt im langen Strom der Zeiten
...
Nichts ist bleibend, alles eilt von hinnen,
Jammer und erhörter Liebe Glück;
Unser Streben, unser Sinnen, wichtig nur auf einen Augenblick;
Was im Lenz wir liebevoll umfassen,
sehn wir im Herbste schon verblassen,
und der Schöpfung größtes Meisterstück
sinkt veraltet in den Staub zurück.

Für einen Abstecher ganz besonderer Art sollte man das Wiesenttal verlassen und Richtung Norden das Kainachtal hinauffahren. Im Frühjahr 1744 reiste hier die Bayreuther Markgräfin Wilhelmine, Lieblingsschwester des Preußenkönigs Friedrich II. Sie sah unterhalb der Burg **Zwernitz,** die seit Jahrhunderten im Besitz des Bayreuther Hohenzollernhauses war, einen Buchenhain, durchdrungen von den phantastischsten Felsformationen. 1443 bereits wird der „Hain zu Zwernitz" erwähnt und von da an immer wieder wegen seiner Schönheit gerühmt. Der im Nachbarort Wonsees geborene „fränkische Eulenspiegel", der Humanist Professor Friedrich Taubmann, später Poet und Hofnarr am fürstlichen Hof zu Dresden, preist den Hain 1604 in höchsten Tönen. Nicht zu Unrecht, denn nicht nur die Felsformationen sind wie ein Wunderland, sondern auch der Bewuchs mit Buchen ist selten. Buchen wachsen auf den trockenen, kalkhaltigen Böden in der Fränkischen Schweiz nur unter besonderen Bedingungen. Die Markgräfin ist ent-

Wie Pilze umrahmen Felsen den Blick auf die Burg **Zwernitz**.

zückt. Sie lässt aus Bayreuth Mobiliar auf die Burg Zwernitz bringen und nimmt Quartier, um bei der Neugestaltung des Buchenhains anwesend zu sein. Die Bauleitung hatte ihr Hofarchitekt Joseph Sainte-Pierre. An den europäischen Fürstenhöfen war damals eines der meist gelesenen Bücher der 1699 in Paris erschienene Erziehungsroman des Erzbischofs Fénelon „Les aventures de Télémaque". Markgraf Georg Friedrich Karl von Bayreuth ließ ihn ins Deutsche übersetzten und kannte ganze Teile auswendig. Schauplatz des Romans ist die Zauberinsel Ogygia der Nymphe Kalypso. Hier war Odysseus gestrandet und auch Odysseus Sohn Telemach wird in die Handlung eingeflochten. Der Markgräfin erschien der Hain bei Zwernitz wie jene Zauberinsel der Kalypso und der Roman wurde Grundlage für die Gestaltung des Gartens, der damit einzigartig unter den deutschen Gärten des Barock und Rokoko wurde. Er widerspricht allen Gepflogenheiten, gliedert sich nicht um ein Schloss, weist keine geometrischen Formen auf und hat nicht das Augenmerk auf die lebende Natur, die Pflanzen, sondern den toten Stein gerichtet. Ein Felsengarten im wahrsten Sinne, dessen natürliche Felsenszenerie lediglich durch Staffagen im Sinne eines literarischen Programms bereichert wird. Zum besseren Verständnis wurden Inschriften und kleine ovale Gemälde an den einzelnen Landschaftsszenen angebracht: Felsen der Liebe – Felsen der Minerva – Schmiede des Vulkan – Mentorsgrotte – Dianagrotte – Aeolusfelsen ....

1746 führt die Markgräfin den kaiserlichen Gesandten Diemar zu ihrer Zauberinsel. Bewundert rief er aus: **„Sanspareil"** (Ohnegleichen). Oder war es doch ihre Oberhofmeisterin, die beim ersten Besuch sagte: „Madame, c'est sans pareil!" So oder so: Der Name war geboren. Sanspareil wurde Lieblingsaufenthalt der Markgräfin, die hier auch ihre berühmten Memoiren schrieb: *„... man wird sehen, daß die Anlagen in ihrer Art einzig sind."* (Hat Wilhelmine den Namen vielleicht doch selbst „erfunden"?) Die Markgräfin wohnte im Morgenländischen Bau, einer architektonischen Besonderheit. Im maurischen Stil wurde das kleine Schloss um eine Buche herumgebaut. Der heute blanke Stein war einstmals mit Muscheln, Glassteinen, bunten Kieseln und Bergkristallen besetzt. Davor lag ein kleiner Barockgarten der vom Küchenbau und zwei Kavaliersbauten flankiert wur-

Der Morgenländische Bau am Eingang zum Felsengarten von **Sanspareil.**

de. Für kurze Aufenthalte mit kleinem Gefolge ausreichend.
Im 19. Jahrhundert verfielen die meisten Gebäude im Park und auch die Kavaliershäuser wurden abgerissen. Erst ab 1942 konnte der weitere Verfall des Felsengartens durch die Bayerische Schlösser- und Seenverwaltung gestoppt werden.
In vollkommenem Kontrast zur romantischen Märchenwelt des Gartens steht die Burg Zwernitz, die mächtig über dem Felsenhain thront. Mit ihrem Bergfried, den Wehrgängen, Fachwerk und Schießscharten lässt sie das Mittelalter auferstehen. Die Geschichte der Burg ist lang und wechselvoll. Im Besitz der Walpoten wird sie erstmals 1156 erwähnt, um ab 1290 an den Burggraf von Nürnberg, Friedrich III. von Hohenzollern zu gelangen. Mehrere Belagerungen, besonders im 30-jährigen Krieg führten zu einem ruinösen Zustand. Ab 1661 kam es zu einer Teilinstandsetzung. Erst im Zuge der Anlage des Gartens wurde dann die Zwernitz als romantische Staffage restauriert. Sie zeigt sich heute in einem beeindruckend geschlossenem Gesamtbild. Ein halbrunder Archivbau und besonders der 40 Meter hohe Turm gehen noch auf das 12. Jahrhundert zurück. Der Turm bietet einen hervorragenden Rundblick über die nordöstliche Frankenalb. Wie der Turm der Giechburg dem Bischof von Bamberg, diente er dem markgräflichen Signalsystem. Feuerkörbe an der Turmspitze sandten ihre Warnung weit übers Land.
Der Garten von Sanspareil im Zusammenwirken mit der Burg Zwernitz war zu seiner Zeit einzigartig und ist es, trotz des Verlustes der meisten Staffagenarchitektur, bis heute geblieben. Der Traum Wilhelmines begleitet den Spaziergang durch die Felsen unter dem lichten Schatten der Buchen. Nur schwer löst man sich von dieser Wunderwelt der Natur.

Hollfeld liegt nur wenige Kilometer entfernt. Hier fehlen die Felshänge, alles erscheint ruhiger. Eine besondere Spielart der Geologie, eine „Verwerfungsfalte“ hat dem Tal sein „jura-untypisches“ Gepräge gegeben. Hollfeld besitzt eine Ober- und eine Unterstadt. Die einstmals ummauerte Höhenstadt liegt an der Stelle einer ehemaligen ottonischen Landesburg auf einer Hochebene an der Mündung der Kainach in die Wiesent. Ihr zu Füßen die spätmittelalterliche Marktsiedlung. 1017 wird Hollfeld das erste Mal urkundlich erwähnt. Reginald Walpoto schenkt Burg und Ansiedlung dem Stift St. Gangolf in Bamberg. So wundert es denn auch nicht, dass Hollfeld eine uralte Kirche hat, die das seltene Patrozinium St. Gangolf trägt. Mehr noch: Der Gangolfsturm ist das Wahrzeichen der Stadt und ragt an höchster Stelle der Stadt 33 Meter in die Höhe. Ursprünglich gehörte der Turm zur Stadtbefestigung, doch aus Kostengründen wurde er zum Kirchturm umfunktioniert. Die Gangolfskirche steht am Marienplatz, wo sich ursprünglich die Burg befand. Hier finden sich malerische Fachwerkhäuser und romantische Altstadtwinkel. Auf dem Platz steht das Brunnenhaus, um das zwischen den Ober- und Unterstädtern dereinst ein solcher Streit entbrannte, dass es von den Unterstädtern heimlich in der Nacht abgebaut wurde. Nun hatte niemand mehr Wasser. Schilda lässt grüßen.
Zur Schenkung des Jahres 1017 gehörte auch eine Pfarrkirche. Nach einem verheerenden Stadtbrand 1724 wurde sie 1778-82 als eine der bedeutendsten Landkirchen der Gegend errichtet. Balthasar Neumanns Sohn war an der Planung beteiligt. Der größte Teil der stattliche Ausstattung stammt aus dem Bamberger Dominikanerkloster, das 1804 im Zuge der Säkularisation aufgelöst wurde. Zum Ausweis der Zugehörigkeit von Ort und Kirche nach Bamberg trägt die Fassade das Wappen des Fürstbischofs Seinsheim und neben dem Portal die Bamberger Bistumsgründer Heinrich und Kunigunde, Meisterwerke des Bamberger Bildhauers Bernhard Kamm.

Hollfeld ist umgeben von gut gekennzeichneten Wanderwegen, die schöne Ausflüge ermöglichen. Man sollte sich an die vorgeschriebenen Routen halten, damit nicht passiert, was legendär drei Töchtern des Burgherren in grauen Vorzeiten geschah. Unachtsam verließen sie den Weg und als der Himmel von Sturmwolken verdunkelt wurde, fanden sie nicht zurück. Die Nacht brach herein und es blieb ihnen nur das stille Gebet um Rettung. Plötzlich war das helle Läuten eines Glöckchens zu hören. Sie folgten dem Ton und fanden den Weg zurück. Aus Dank über die wundersame Rettung ihrer Kinder stifteten die Eltern das so genannte „Irrglöckchen“, das allabendlich um die zehnte Stunde über die Fluren tönte, um Verirrten den Weg zu weisen.
Wegweisend im wahrsten Sinne des Wortes ist eine Hollfelder Institution, die für jeden „Pennäler“ mehr als einmal die Rettung in letzter Not war. Es ist der seit 1951 hier ansässige Bange Verlag, der die „Kleine Übersetzungsbibliothek römischer und griechischer Klassiker“ veröffentlicht. Das sind doppelt-streichholzschach-

Der Gangolfsturm, das Wahrzeichen von **Hollfeld.**

Die Salvatorkirche in **Hollfeld.**

telgroße Heftchen wörtlicher Übersetzungen aller im Latein- und Griechischunterricht gefürchteter Autoren: von Aristoteles, Platon, Demosthenes über Tacitus bis Cäsar. Mehr als 500 Bände! Diese Heftchen werden bis heute von Schülern als Spickhilfen, sogenannte „Bonzen" verwendet. 1888 hatte der Leipziger Verleger Hermann Bayer den Halberstadter Verlag Bange und damit die Rechte an der „Kleinen Übersetzungsbibliothek" gekauft.
Schon zuvor erwarb er 1896 die Rechte an der bis dahin erst in vier Bänden vorliegenden Reihe „Dr. Wilhelm Königs Erläuterungen zu den Klassikern". Diese „Königs-Erläuterungen", Interpretationshilfen in derzeit 159 lieferbaren Titeln, sind das zweite Standbein des Verlags.

Von Hollfeld fließt die Wiesent durch grüne Auen, vorbei an steilen Felswänden und dem Weiler Aalkorb nach **Plankenfels,** wo die Truppachmündung ein lichtes Tal bildet. Unberührt von Zivilisation und Verkehr zieht von hier als drittes das Lochautal nach Norden. Vom Plankenstein aus hat man einen herrlichen Blick in die drei Täler. Das Felsenriff fällt steil nach drei Seiten ab und trug früher eine Burg, von der kaum mehr Reste zu sehen sind. Plankenfels ist die jüngere Tochteranlage davon. Das Schloss liegt unauffällig auf einem Dolomitfelsen am Rande des Dorfes. Es hatte seine größte Blüte nicht unter dem bis 1549 ansässigen Geschlecht der Plankenfels zu Plankenfels, sondern im Barock unter den Herren von Schlammersdorf, deren Wappen über dem Eingangstor angebracht ist.
Von Plankenfels über Breitenlesau Richtung Westen führt eine gut ausgebaute Straße nach **Wüstenstein**, ein Pfarrdorf hoch über dem Aufseßtal gelegen. Von hier lädt die Natur verkehrsfrei und romantisch zu Wanderungen Richtung Süden nach Doos. Der Ort Wüstenstein und eine Burg waren ehemals in Aufseß'schen Händen. Unweit davon liegt **Heckenhof,** ein kleines Juradorf auf der Hochfläche. Das Gasthaus, die „Kathi-Bräu" hängt ebenfalls mit dem Geschlecht derer von Aufseß zusammen. 1498 hatten sie das Gebäude als Jagdschloss gebaut. Hier lebte in ihrer Jugend die 1769 geborene Caroline von Aufseß. Sie heiratete den Herrn von Plankenfels, Gottlieb von Eggloffstein und ging mit ihm nach Weimar, wo sie Oberkammerherrin der Herzogin wurde. In Weimar lernte sie Goethe kennen, mit dem sie eine enge Freundschaft verband. 1823 erkrankte Goethe schwer und konnte die Nächte nurmehr im Sitzen verbringen. Caroline schenkte ihm angesichts dieses Leidens kurz entschlossen einen großen, bequemen Ohrensessel, den sie aus dem Schloss Heckenhof mit nach Weimar genommen hatte. Goethe bedankte sich schriftlich bei Caroline: „*Musterstuhl für Schmerz und Sorgen – Willst mir, teure Freundin, borgen? – Nimm ihn wieder! Trost und Segen – Soll er Dir zu Häupten legen!*" Goethe starb am 22. März 1832 in einem Lehnstuhl sitzend neben seinem Bett in Weimar mit den Worten: „*Mehr Licht!*" Möglicherweise handelt es sich um besagten Stuhl.
1850 wurde das Jagdschlösschen vom Urgroßvater der heutigen Besitzerin samt Brau- und Schankrecht gekauft. Seither besteht die Wirtschaft, die ihre Berühmtheit als „kleinste Brauerei Bayerns" erlangt hat. Der Sudkessel, der mit Holzscheiten erhitzt wird, hat ein Fassungsvermögen von ca. 3.000 Liter. Gebraut wird nach alter Tradition nur im Frühjahr und im Herbst, insgesamt vier bis fünf Mal. Das Brauen nach geheimer Rezeptur wurde von der Mutter („Kathi") auf die inzwischen betagte Tochter übertragen, die die „Scheunenbrauerei" allein betreibt.

Das Geschlecht der Freiherren von **Aufseß** beherrschte das gleichnamige Flußtal. Die Aufseß gehören zu den altehrwürdigen Familien, die schon bei der Bistumsgründung von Bamberg 1007 im Gefolge König Heinrichs II. gewesen sein sollen. Immer wieder bekleideten Mitglieder der Familie hohe Ämter am Bischofshof oder taten sich als Stifter und Mäzene hervor. In der jüngeren Geschichte z. B. Jobst Freiherr

Unteraufseß mit seinem Schloss.

von Aufseß mit der Stiftung eines Schülerseminars in Bamberg oder Hans von Aufseß als Gründer des Germanischen Nationalmuseums in Nürnberg. Die Familie hatte im Mittelalter ausgedehnte Besitzungen. Urkundlich gesichert sind etwa 50 Burgen und Schlösser und 43 Dörfer und Weiler.

Die Burg Unteraufseß bildet den Stammsitz der Familie. Die ältesten Teile sind ein hoher, viereckiger Burgturm und nördlich daran anschließend das sogenannte „Mengozsteinhaus“, das in der ersten Hälfte des 12. Jahrhunderts errichtet wurde. Die Anlage war damals eine der wehrhaftesten Burgen der fränkischen Schweiz, besaß sieben Hauptgebäude und galt als Fluchtburg für die gesamte umliegende Bevölkerung.

Ende des 16. Jahrhunderts waren die Aufseß zum protestantischen Glauben übergetreten. Es kam zu ernsthaften Auseinandersetzungen mit Karl Heinrich von Aufseß, als sich dessen Bruder Friedrich um 1690 wieder dem Katholizismus zuwandte. Karl Heinrich verließ Unteraufseß und ließ sich die stark befestigte Burg Oberaufseß nur wenige Kilometer entfernt errichten. 1703 kam es aus diesem Grund gar zu einem gewalttätigen Streit zwischen den beiden und Karl Heinrich ließ Oberaufseß weiter befestigen. Dazu ließ er Fenster, Ziegel und Steine von seinem Anteil in Unteraufseß ausbrechen und nach Oberaufseß schaffen.

Der weithin bekannte Literat und Essayist Hans Max von Aufseß (1906-93) lebte in Oberaufseß und klagte: *„Eines der ältesten Überbleibsel sind die nach Kreuzzügen, unendlichen Fehden und zwei Weltkriegen noch wenigen Überlebenden des alten Ritterstandes, die auf ihren dunklen, um einige Schuhnummern zu groß gewordenen Burgen, von niemandem beneidet, wie die Uhus weiterhausen und die modrigen Kästen noch über den allgemeinen Weltuntergang erhalten zu können glauben.“*

Die doppelte Hofhaltung kam dem Ort Aufseß sehr zu gute, führte sie doch zu einer wirtschaftlichen Blüte. Sattler, Ofensetzer und andere Berufe konnten sich niederlassen. Drei Friedhöfe zeugen noch von guten Zeiten: einer für die Adeligen, einer für die Bürger und einer für Juden, die als sogenannte „Schutzjuden“ mit einer größeren Gemeinde in Aufseß ansässig waren.

Auch **Heiligenstadt** besitzt nordöstlich des Ortes auf einer Anhöhe einen Judenfriedhof, denn die hier zuständigen Grafen von Stauffenberg förderten seit Beginn des 17. Jahrhunderts ebenfalls die Ansiedlung. Um 1800 hatte diese Gemeinde ihre größte Blüte erreicht, danach wanderten viele Juden nach Amerika aus oder zogen in die Städte. Die jüdische Gemeinde in Heiligenstadt gibt es nicht mehr. Dass der Friedhof erhalten blieb, ist Berthold Schenk von Stauffenberg zu verdanken, der das Gelände 1943 kaufte.

Die Geschichte von Haldenstadt, so der ursprüngliche Name, führt bis ins 9. Jahrhundert zurück. Danach übernahmen wechselweise die mächtigsten Adelsgeschlechter der Fränkischen Schweiz die Macht: Erst die Schlüsselberger, dann die Streitberger, in deren Zeit Heylingstadt, so damals genannt, 1541 das Marktrecht erhält und 1582 lutherisch wird. Im übrigen, katholisch gebliebenen Leinleitertal wurde der Ort nun zeitweise abwertend „Lutherisch Hallstadt“ genannt.

Sehenswert ist der von malerischen Fachwerkhäusern umstellte Marktplatz, dessen Brunnen in der Osterzeit prachtvoll geschmückt wird. Sehenswert auch die evangelische Pfarrkirche St.Veit, die an der Stelle einer alten Burg steht und deren Turm der ehemalige Burgfried ist. Ein frühbarocker Seitenaltar zeigt als Altarbild die „Geißelung Christi“. Dieses Bild hat ein Loch und der Volksmund berichtet, das Loch sei entstanden, als ein Mitglied der Familie von Streitberg auf den Priester schoss, weil er sich der lutherischen Lehre widersetzte. Nachdem das Geschlecht der Streitberger 1691 ausgestorben war, ging Heiligenstadt und Umgebung an die Grafen von Stauffenberg über, die heute noch auf dem über dem Ort thronenden Schloß **Greifenstein** leben. Die Burg ging den gleichen Schicksalsweg, wie der Ort. 1172 erstmals erwähnt kam sie zunächst in Besitz der Schlüsselberger. Unter den Streitbergern wurde sie während des Bauernkrieges nahezu zerstört und nicht wieder aufgebaut. 1691 wurde der Bamberger Fürstbischof Marquard Sebastian Schenk von Stauffenberg Besitzer der Ruine. Er lässt sich an ihrer Stelle durch den Bamberger Hofarchitekten Leonhard Dientzenhofer ein wahrhaft sehenswertes Jagdschloss errichten. Ein Geweihgang mit zahllosen Trophäen erinnert noch heute an die weidmännischen Künste und jagdlichen Lustbarkeiten. Aus dieser Zeit stammt auch die prächtige Lindenallee und Reste eines barocken Parks. Die Stammburg der Stauffenbergs liegt bei Hechingen. Sie waren Mundschenke der Hohenzollernkaiser, daher der Zuname Schenk von Stauffenberg. Besonderes Ansehen genießt bis heute der 1859 geborene, bereits erwähnte Berthold Schenk von Stauffenberg, Großonkel des Hitlerattentäters Claus Graf Schenk von Stauffenberg. Er ließ keinerlei nationalsozialistisches Gedankengut aufkeimen. Sogar die Köchin der Burg provozierte mit dem Satz: *„Wenn Hitler hier wäre, würde ich ihm mit dem Küchenbeil den Kopf abhauen“*. Dafür kam sie in Arrest. Nach dem Attentat von 1944 wurde der 85-jährige Berthold mit den übrigen Familienmitglieder in Sippenhaft genommen. Er starb noch im gleichen Jahr im Konzentrationslager.

Am 1. August 1865 berichtet König Otto von Griechenland in einem Brief an seinen Neffen König Ludwig II.: *„Wir machten gestern, begünstigt vom Wetter, eine Partie nach dem in der fränkischen Schweiz hoch und schön gelegene Schloss Greifenstein. Es gehört dem Baron Stauffenberg, der sich auch in gegenwärtigem Augenblick dort befindet. In dem dortigen Fremdenbuch fand ich auch den Namen Deines sel*(igen) *Vaters, so wie Deiner Mutter im Jahr 1851 eingeschrieben.“*

Das Gästebuch existiert nicht mehr. Nach dem 20. Juli 1944 wurden sämtliche Unterlagen der Familie Stauffenberg von der Gestapo beschlagnahmt und sind heute nicht mehr auffindbar. Die Burg kann besichtigt werden und wer Freude an Waffen und Militaria hat, kommt hier auf seine Kosten.

Weiter Richtung Norden erreicht man über den hübschen Ort Burggrub im Quellgebiet der Leinleiter die **Heroldsmühle.** Als eine der ältesten Mühlen der Fränkischen Schweiz war sie noch bis vor kurzem in Betrieb. Das alte eiserne Wasserrad, das größte weit und breit, läuft nur noch aus Nostalgie. Eine Gastwirtschaft ist heute in der Mühle eingerichtet. Wenige Meter oberhalb der Quellen findet man eine seltene Besonderheit der Fränkischen Schweiz: Sogenannte Tummler. Tummler sind beckenartige Vertiefungen, die nur bei Schneeschmelze oder starken Regenfällen durch unterirdische Zuläufe mit Wasser gespeist werden. Dann allerdings können sie wie Springbrunnen sprudeln. Der Volksmund nennt sie Hungerbrunnen.

Blick auf **Schloss Greifenstein,** *hoch über dem Aufseßtal.*

Südlich von Wiesent und Püttlach kommt man in eine wunderbar friedliche Gegend, die bei **Bärenfels** *beginnt. Reizvoll sind vor allem die in die Dorflandschaft verteilten Felsen; daneben thront auf einem Hügel die schmucke Dorfkirche mit ihrer markanten Zwiebelhaube. Auf dem Weg nach Leienfels kommt man durch* **Graisch,** *dessen Umgebung jeden Fotografen entzücken muss.*

Wanderer ersteigen von Graisch die **Burgruine Leienfels,** *sie ist aber auch mit dem Auto zu erreichen. Die Aussicht über den Waidacker Forst ist besonders im Herbst hinreißend. Einst hatte die Burg drei Kemenaten mit einer Burgkapelle, heute ist ihre frühere Bedeutung kaum mehr zu erkennen.*

Die romantische **Ruine Wildenfels,** *ein beliebtes Motiv für Maler von altersher, beeindruckt vor allem durch die kühne Ostmauer des ehemaligen Turmes, der 1827 durch Blitzschlag beschädigt wurde.*

Vom Schmidberg hat man die schönste Aussicht auf das 800 Jahre alte, malerische **Betzenstein** *mit seinem historischen Stadtkern und der teils intakten Umwehrung mit Stadtmauerresten, Rundtürmen und Stadttoren.*

Gewaltig sind die steilen Felsen, auf denen das wuchtige Schloss von **Hiltpoltstein** *thront und mit der evangelischen Matthäuskirche eine malerische Einheit bildet.*

Die **Hackermühle** *bzw. Obermühle wird erstmals 1547 als „Obermül" oder „Hackermül" genannt. 1820 ist sie als „Heckenmühl" überliefert. Sie gehört zu den bekanntesten Mahlmühlen des Trubacher – Betzensteiner Raumes.*

Das **Trubachtal,** *eingesäumt von wilden Felswänden, gehört sicher zu den Höhepunkten der Fränkischen Schweiz. Bei Wolfsberg sollte man nicht versäumen, nach Norden zum Signalstein mit seiner umfassenden Aussicht zu wandern, oder nach Süden zu den 3 Zinnen.*

Der Weg über die uralte **Spiesmühle** *hinaus zum Trubachtal ist besonders beschaulichen Genießern zu empfehlen.*

Die **Burg Egloffstein,** *auf 100 m hohem Felsen gelegen, bietet vom Marktflecken aus stets eine imposante Ansicht. Es lohnt, nicht nur die Burg und die Schlosskirche zu besichtigen, sondern auf dem Burgberg herum zu spazieren, um von oben Einsicht in die Burg mit den Talhängen und Felsen an der Trubach im Hintergrund zu bekommen und vor allem das schönste Gebäude des Berges, das barocke Amtshaus mit dem Wappenstein aus einem alten Vorgängerbau zu erleben.*

Bei **Mostviel** *hat man den Eindruck, als liege die Burg Egloffstein inmitten eines Waldes auf steiler Felsnadel, die direkt aus dem Trubachtal emporragt.*
Überaus malerisch und abwechslungsreich schlängelt sich der Bach durchs Land.

Immer wieder finden wir uralte Mühlen, eingesponnen in Einsamkeit, dem Untergang entgegendämmernd.

Wie aus einem Märchenbuch entrückt wächst ein Bauerngarten am Ufer der Trubach.

Der Süden zwischen Gräfenberg und Betzenstein

Als südliches Eingangstor in die Fränkische Schweiz bezeichnet man gerne das schmucke, mittelalterliche Städtchen **Gräfenberg.** Die Geschichte des Ortes ist geprägt von Zerstörungen und menschlichen Leiden. Das ansässige Geschlecht der Gräfenberger konnte 1333 das Markt- und 1371 das Stadtrecht erhalten. Das bedeutete die Erlaubnis einer wehrhaften Befestigung, von der immerhin noch drei Stadttore erhalten blieben. Im 15. Jahrhunderte wütete dreimal die Pest und dezimierte die Bevölkerung um mehr als die Hälfte. 1567 brannte die Stadt infolge der Unachtsamkeit eines Knechtes völlig nieder. Im Dreißigjährigen Krieg wurde Gräfenberg 1631 von den Kroaten geplündert und im Folgejahr von einem General Wallensteins niedergebrannt. Zu guter Letzt raubten die Schweden 1634 das einzige, was den Gräfenbergern noch geblieben war: ihre Kirchenglocken.
Doch trotz allen Übels bauten die Bewohner ihr Städtchen immer wieder auf. Heute besitzt Gräfenberg einen der schönsten Marktplätze der Fränkischen Schweiz. Das Rathaus, das ehemals mitten auf dem Platz stand, wurde 1870 aus verkehrstechnischen Gründen abgerissen. Im gleichen Jahr kauften die Stadtväter als Ersatz das barocke „Erkerhaus“. An der Südseite des Marktplatzes steht das so genannte „Wolfsberger Schloss“, eines der ältesten Häuser der Stadt. Die Fassadenbemalung gedenkt des berühmten Sohnes von Gräfenberg, des Minnesängers und Ritters Wirnt von Gräfenberg, der vielleicht in diesem Haus das Licht der Welt erblickte. Man sieht eine Szene aus dem von ihm verfassten Heldenepos „Wigalois, der Ritter mit dem Rade“. Diese Dichtung aus dem Kreis der Artussagen umfasst 11.708 Verse und entstand Anfang des 13. Jahrhunderts in Gräfenberg, wo Wirnt lebte. Es blieb sein einziges Werk, gelangte aber zu internationalem Ruhm. Dem Dichter hat man 1890 auf dem Marktplatz ein Denkmal gesetzt. Ein anderer Minnesänger, Konrad von Würzburg, machte Wirnt in seiner Erzählung „Der Welt Lohn“ zum Helden. Von ihm wissen wir, dass der Edelmann aus Gräfenberg außerordentlich gebildet war. Er sprach Latein und Französisch, konnte lesen und schreiben, beherrschte das Schachspiel und die Harfe. In der Falkenjagd und auf der Pirsch brachte er es zu beachtlichen Erfolgen. Dem Tod des Minnesängers hat man der Zeit gemäß einen sehr abenteuerlich-romantischen Anstrich verliehen. Er habe eine jener wunderschönen Frauen kennengelernt, von denen die Minnesänger immer träumen und für die sie sterben würden. Als ihm diese Dame jedoch einmal den Rücken zugekehrt habe, entdeckte dort der entsetzte Liebhaber Schlangen und Kröten. Er entsagte voller Abscheu allem Irdischen und schloss sich dem Kreuzzug unter Kaiser Friedrich II. an, bei dem er den Tod suchte. Nährboden fand diese Geschichte, weil man nicht weiß, wo Wirnt von Gräfenberg tatsächlich starb. Nur zwei Fakten sind verbürgt: Er lebte als Angehöriger des niederen Adels in Gräfenberg und hat dort seinen einzigen Epos, den „Wigalois“, geschrieben, der wohl noch vor der 1209 vollendeten Artussage entstand. Sein „Frauenlob“ aus diesem Heldenepos hört sich wie folgt an:

„Es soll auch kein biederer Mann,
jemals mit Willen meiden,
wo irgend Schaden und Leiden,

Das Rathaus von **Gräfenberg.**

einem reinen Weib geschehen,
mit aller Kraft ihr beizustehn;
Das ist meine Lehre und mein Rat;
Denn was die Welt an Freunden hat,
das kommt uns von den Frauen."

Außerhalb der Stadttore lagen wie üblich die Scheunenviertel. In den unterirdischen Kellern wurde das gute Gräfenberger Bier gekühlt. Vor jede Scheune pflanzte man eine Linde als Schattenspender. Viele wurden inzwischen gefällt, doch eine hat legendären Ruhm. Sie steht vor dem Hiltpoltsteiner Tor und soll angeblich 1008 von Kaiserin Kunigunde persönlich gepflanzt worden sein.

Von Gräfenberg führt eine schöne Wanderung zum Teufelstisch, einer eigenartigen Felsformation, die tatsächlich aussieht wie ein mächtiger Steintisch. Die Legende berichtet, dass sich Ritter Kuno zu Gräfenberg bei einem wüsten Gelage, angefeuert von seinen trunkenen Kumpanen, dem Teufel als Tischpartner angeboten habe. Wenig später überbrachte ihm ein gruseliger Bote die Einladung des Satans zu einem Festessen auf dem nahen Eberhardsberg. Um nicht sein Gesicht zu verlieren, folgte Kuno furchtsam der Aufforderung und als er auf dem Berg ankam, sah er gerade den Teufel aus Steinen den Tisch zusammentragen. Mit einem Fingerschnalzen standen Speisen und Getränke darauf. Im

Die **Burg Egloffstein** *krönt den gleichnamigen Ort im malerischen Trubachtal.*

Stehen und schweigend nahm man das Mahl ein. Einer göttlichen Eingebung folgend und um sein Leben zu retten, schlug unser Ritter am Ende des Essens das Kreuz über den Speisen und sprach ein Dankgebet. Fluchend löste sich daraufhin der Teufel in einer schwefeligen Wolke auf. Noch heute wird erzählt, dass sich in der Walpurgisnacht viele fränkische Könige um diesen Tisch versammeln, der dann inmitten eines prachtvollen Palastes steht.

Wie ein Stück leibhaftiges Mittelalter erscheint **Hiltpoltstein,** wenn man von Gräfenberg kommt und die hochgelegene, düstere Burg auf dem Felsen sieht. Sie hat eine wahrhaft düstere Geschichte. Die erstmals 1109 urkundlich erwähnte Ansiedlung wird mitsamt ihrer Burg 1188 von den Staufern im Zuge ihrer antiwelfischen Hausmachtpolitik erworben. 1263 vermachte der letzte Staufer Konradin testamentarisch seine Erbgüter seinem Onkel, dem bairischen Herzog Ludwig dem Strengen. Nach Konradins Hinrichtung 1268 wurde das Testament vollzogen. Durch Eheschließung kam die Burg an die böhmische Krone, der Sohn Kaiser Karls IV., Wenzel, musste sie jedoch wegen hoher Schuldenlasten verpfänden. Eine Pfandschaft, die 1503 Nürnberg übernahm und bis ins 19. Jahrhundert behielt. Die Nürnberger waren es auch, die Hiltpoltstein zur Stadt erhoben und befestigten. Ein Stadttor hat sich erhalten. 1806 kam der Ort an Bayern und wurde gleich degradiert. Aus der Stadt wurde ein Markt. Die Folgezeit hat der Burg erheblich zugesetzt, zuletzt wurde das Gebäude, das sich in Privatbesitz befindet, zum Teil entkernt. Der äußere Eindruck jedoch blieb erhalten. Gemeinsam mit der Pfarrkirche ist dieses Bild, besonders von der Ferne, überwältigend.

Die Kirche ist zwischen der Burg und einem mächtigen Dolomitfelsen regelrecht eingekeilt. Von außerordentlicher Bedeutung in dem bescheidenen Gotteshaus ist der Flügelaltar mit Gemälden aus der Zeit um 1420. Der begabte Künstler ist unbekannt und bekam seinen Namen nach diesem Werk: Meister des Hiltpoltsteiner Altares. Die lebhaften Farben und die bewegte Komposition lassen auf eine Ausbildung des Malers im Innviertel schließen. Der Altar entstand vermutlich für das Nürnberger Dominikanerkloster. Er zeigt auf der Vorderseite in drei Darstellungen die Geißelung, die Dornenkrönung und die Kreuzigung Christi. Interessant, dass auf allen Bildern Pontius Pilatus gezeigt wird. Die Außenseiten der Flügel wurden in Nürnberg 1450 in der Werkstatt des „Meisters des Tucheraltares“ überarbeitet. Sie zeigen heute Johannes d. Ev. und den Dominikanerheiligen Vinzenz Ferrer. Die Reste der ursprünglichen Bemalung sind jedoch noch erkennbar. Sie zeigte eine Hl. Kümmernis und ein Weltenrichter.

Von Hiltpoltstein hält man sich Richtung Nordwesten und gelangt ins Trubachtal, das zu den reizvollsten Tälern der Fränkischen Schweiz gehört. Auf etwa 25 Kilometern finden sich hier mehr als zehn Schlösser und Burgruinen, sowie zahlreiche Mühlen. Schon von weitem ist die Burg **Egloffstein** zu sehen. Der staatlich anerkannte Luftkurort ist heute Zentrum des Tourismus im Trubachtal. Bekannt und beliebt wurden in den letzten Jahren die Burgserenaden, die im schönen Innenhof stattfinden. Die Burg kann auf eine lange Geschichte zurückblicken. Das Geschlecht der Egloffsteiner wird legendär bis zu einem Mann namens Agilulf zurückgeführt der 795 am heutigen Ort Egloffstein eine Familie gegründet haben soll. Urkundlich nachweisbar sind die Egloffsteiner jedoch erst seit dem 12. Jahrhundert. Schon damals wird es eine Wehranlage gegeben haben. Der Besitz der Familie war größtenteils freies Eigen und weckte so die Begehrlichkeiten der mächtigen Nachbarn, der Würzburger und Bamberger Bischöfe und der freien Reichsstadt Nürnberg. So kam es immer wieder zu Fehden zwischen den genannten Parteien. Die mittelalterliche Burg hatte ehemals eine größere Ausdehnung als heute, doch nach den Zerstörungen des 30-jährigen Krieges wurden die beiden Vorhöfe aufgelassen und zu Bauernhöfen aufgeteilt. In der Burg wuchs die 1792 in Erlangen geborene Freifrau Julia von Egloffstein auf. Sie wohnte ab 1817 zwölf Jahre bei ihrer Tante, der aus Heckenhof stammenden Caroline von Egloffstein, in Weimar. Caroline war am dortigen herzöglichen Hof Oberkammerherrin und eng mit Goethe befreundet. So lernte auch Julia den großen Dichter kennen, der der attraktiven Gräfin manches Gedicht widmete. Sie schrieb sie in einem Poesiealbum nieder, das sie von Goethe geschenkt bekommen hatte. Dieses Poesiealbum existiert noch in amerikanischem Privatbesitz. Julia, selbst eine begabte Malerin, hinterließ ihrerseits Zeichnungen des Dichterkönigs.

Trotz aller Wirren und auch Zerstörungen ist die Burg heute noch im Besitz der Familie. In den genannten Fehden, die besonders heftig mit den Nürnberger ausgetragen wurden,

Am Ufer der Trubach.

ging man jedoch nicht zimperlich miteinander um: Ein Egloffsteiner wurde 1378 von den Nürnbergern zusammen mit 6 Kumpanen aufgehängt. Allerdings hatte er sich auch mit dem Todfeind der Nürnberger verbündet, mit dem Raubritter Eppelein von Gaillingen. Die Familie hatte sich in dieser Zeit bereits in vier Linien geteilt, die Hauptlinie in Egloffstein selbst, die Bärnfelser, Gaillenreuther und Leienfelser Linie. Auf der Burg Leienfels errichteten die Egloffsteiner 1375 eine Falschmünzerwerkstatt und unterstützten damit den verhassten Eppelein. Das wiederum veranlasste letztlich den mit Nürnberg verbündeten böhmischen König Wenzel, die Burg Leienfels 1392 völlig zu zerstören. Hier bewahrheitet sich die Geschichte von den *„wilden Rittersleuten"*.

Leienfels befindet sich nur wenige Kilometer von **Obertrubach** entfernt. Das Dorf liegt an der Quelle der Trubach, eng umfasst von den Talhängen. An Geschichte hat der Ort wenig zu bieten, obwohl er bereits 1007 erstmals in einer Schenkungsurkunde erwähnt wird. Damals gehörte „Troubaha" zum Königshof Forchheim und wurde mit diesem gemeinsam an das neu gegründete Bistum Bamberg übergeben. Dennoch ist die Bedeutung Obertrubachs nicht zu unterschätzen, denn es war ein Grenzort zwischen dem Hochstift Bamberg und der freien Reichsstadt Nürnberg. Nach jahrelangen Differenzen wurde im Jahr 1607 ein Vertrag über den Grenzverlauf geschlossen, der dann von Obertrubach ausgehend mit so genannten „Fraisch-Steinen" markiert wurde. Sie tragen auf der einen Seite das Wappen des Hochstifts Bamberg kombiniert mit dem Wappen des damals regierenden Fürstbischofen Gebsattel. Auf der anderen Seite sieht man das Wappen der Freien Reichsstadt Nürnberg. Unter die Wappen ist jeweils ein Jagdhorn gesetzt, das die Jagdgrenze für Hochwild markiert. Über beiden Wappen befindet sich ein liegendes Schwert, das für das Recht der Blut- oder Halsgerichtsbarkeit, das Recht also über Leben und Tod zu entscheiden, steht. Die Blutgerichtsbarkeit war das oberste und ängstlich bewahrte Privileg der oft nur sehr kleinen Stadtstaaten früherer Jahrhunderte. Auch die Reichsstadt Nürnberg mit ihrem weitreichenden Landbesitz wachte streng über die Einhaltung dieses Rechts. Die Grenzsteine wurden ziemlich eng gesetzt und waren etwa 80 Zentimeter hoch. Die „Fraisch-Grenze" verlief von der Kirche in Obertrubach über den Kohlberg unterhalb der Ruine Leienfels bis Bronn. 12 Steine haben sich noch erhalten und dürfen zu den schönsten Grenzsteinen Frankens zählen. Am Verlauf dieser historischen Grenze orientiert sich heute ein Wanderweg.

In der Nähe von Obertrubach befindet sich eine besonders auffällige Felsformation, die den Namen „Richard-Wagner-Felsen" trägt. Und tatsächlich besitzt dieser Stein eine auffallende Ähnlichkeit mit dem großen Komponisten.

Als kleinste Stadt Bayerns wird **Betzenstein** bezeichnet, denn obwohl nur etwa 800 Menschen dort wohnen, hat der Ort Stadtrecht. Betzenstein ist von seiner landschaftlichen Lage sicher einer der schönsten Orte der Fränkischen Schweiz. Dem Besucher bietet sich ein hübsches mittelalterliches Ortsbild mit vielen Fachwerkhäusern. 1187 wird der Ort mitsamt Burg erstmals erwähnt. 1359 wird er, damals unter böhmischer Herrschaft stehend, von Kaiser Karl IV. zum Markt erhoben. 1504 kam Betzenstein an Nürnberg und auf Bitten der Nürnberger erhob Kaiser Maximilian I. den Markt, der längst schon befestigt war, 1611 zur Stadt. Die Nürnberger ließen zwischen 1543-49 am Unteren Tor einen 92 Meter tiefen Brunnen graben. Er war bis 1902 die einzige Wasserversorgung. Betzenstein besaß sogar eine Windmühle. Vom Plan, eine Windmühle zu errichten, erfahren wir erstmals im Jahr 1516, als der Rat der Stadt Nürnberg ihren Stadt-

Das Stadttor von **Betzenstein.**

Auf dem Weg von Betzenstein zur Klauskapelle.

baumeister Hans Beheim d. J. beauftragt, den Bau zu errichten. Doch daraus wurde zunächst nichts. Erst 1562 wird die Mühle gebaut. Eine zweite Mühle entstand 1602, doch sie verfiel rasch und man erzählte sich, der Müller sei von den konkurrierenden Wassermüllern bestochen worden. 1691 wird die inzwischen ebenfalls verfallene erste Windmühle erneuert. Das Geld dazu gaben die Kirchen von Betzenstein und dem Nachbarort Hüll. Man hatte von Eigenkapitalien 3500 Gulden an Bürger verliehen und die Schuldzinsen wurden nun für den Neubau der Mühle verwendet. Die Mühle musste mehrfach erneuert werden, bis sie im April 1917 abgerissen wurde. Auf dem Anwesen steht heute eine Pension.

1804 hatte Abraham Wolfgang Küfner (1760-1817), der „falsche Dürer aus Betzenstein", die Mühle gekauft. Er war der Sohn des Betzensteiner Baders, offenbar aber wenig geneigt, den Beruf des Vaters auszuüben. Auf Empfehlung eines Gönners kann er sich 1779 ohne Studiengeld zu zahlen an der Altdorfer Universität als Student der schönen Künste einschreiben. Wegen eines von ihm verursachten „*Verdrusses*" wird er dort jedoch nicht als Zeichenlehrer übernommen. 1786 taucht er als Miniaturmaler in Nürnberg auf, wo er sich an der Malakademie weiter fortbildete. Um seine ständigen finanziellen Engpässe zu überbrücken, versucht er allerlei Geschäfte. 1804 steigt er in die Müllerei ein, 1806 eröffnet er ohne Erlaubnis in Nürnberg ein Spezereigeschäft, was ihm sofort vom Rat der Stadt untersagt wird. 1807 landet er für mehrere Jahre im Gefängnis, weil er Falschmünzen geprägt hat. Das alles aber steht weit hinter seinem größten Coup zurück: Es dürfte das Jahr 1798 gewesen sein, als Küfner vom Rat der Stadt Nürnberg den Auftrag erhielt, das berühmte Selbstporträt Dürers in der Pelzschaube von 1500 zu kopieren. Auf der Rückseite trug das Bild das Siegel Nürnbergs zum Zeichen seiner Echtheit. Küfner trennte diese Rückwand ab und malte darauf seine Kopie, die er nun als Original an die Stadt zurückgab. Der Betrug kam erst nach Jahren auf. Das echte Dürerbild verkaufte er 1805 für 600 Gulden über einen Zwischenhändler an den Bayerischen Kurfürsten nach München. Aus dessen Galerie gelangte das Porträt 1836 in die Alte Pinakothek, wo es heute noch hängt.

Die Küfner'sche Fälschung wurde 1801 von den Franzosen geraubt und gelangte in den Louvre. 1813 im Zuge der Rückführung der von den Franzosen geraubten Kunstschätze, kam es wieder in den Besitz der Stadt Nürnberg und befindet sich heute im Dürerhaus.

Am 5. Oktober 1817 starb der „falsche Dürer", alias Abraham Wolfgang Küfner in Ingolstadt. Nach der erwähnten, mehrjährigen Gefängnisstrafe wegen Geldfälscherei auf der Veste Rothenberg bei Schnaittach verließ er das Land. Seine fränkische Heimat war ihm gründlich verleidet!

Nutzung von Höhlen in der Fränkischen Schweiz.

Der Marktplatz von **Forchheim** *gehört zu den schönsten Ensembles seiner Art in Franken. Die Qualität der Fachwerkhäuser sucht ihresgleichen. Jedes Jahr in der Weihnachtszeit verwandelt sich das Rathaus in den größten Adventskalender der Welt.*

Prachtvoll, fast unversehrt, baut sich die **Kirchenburg Effeltrich** *auf einer Anhöhe inmitten des Ortes auf.*
Aus gotischer Zeit stammen die Figuren des Seitenaltares, mit Maria, Barbara und Katharina.

Vor den Toren von Effeltrich bietet auf einem großen, staubigen Platz neben der Straße einsam eine alte Frau in ihrer Werktagstracht ihr schmales Angebot an Äpfeln und Kürbissen an.

Strahlendes Herbstlicht beleuchtet am Abend das **Walberla** *und* **Schloss Wiesenthau.** *Das Land ist fruchtbar, im Frühsommer ist dort Kirschenzeit, im Herbst Zwetschgenzeit.*

Der Winter zieht ein im Wiesenttal und rund ums Walberla.
Oben: Die Wasserburg **Kunreuth.**

Der Westen mit Forchheim

Forchheim wird als westliches Eingangstor zur Fränkischen Schweiz bezeichnet. Das Städtchen ist überreich an Geschichte und zeigt sich mit verwinkelten Gassen und romantischen Ecken. Deswegen sollte man nicht versäumen, einen Spaziergang durch Forchheim zu unternehmen.

Spätestens Mitte des 8. Jahrhunderts bauten die Franken hier einen Burgstall, der sich heute lediglich im Namen des Stadtteils Burk erhalten hat. Im 9. und 10. Jahrhundert erlebte Forchheim seinen geschichtlichen Höhepunkt. Es entwickelte sich wegen seiner verkehrsgünstigen Lage zum Handelsplatz und mit dem Bau einer Reisepfalz diente der Ort häufigen Aufenthalten fränkischer Könige, die hier auch Reichstage abhielten. 1007 schenkte Kaiser Heinrich II. Forchheim mit 14 dazugehörigen Dörfern dem neu gegründeten Bistum Bamberg, unter dessen Herrschaft es bis zur Auflösung des Hochstifts 1803 bleibt. Ein weiteres bedeutendes Jahr war 1077. Im sogenannten Pilatushof in Forchheim setzte eine Versammlung von zahlreichen Bischöfen, Erzbischöfen, Legaten aus Rom und Adeligen Heinrich IV., den Canossagänger ab und wählten als neuen Herrscher seinen Schwager Rudolf von Rheinfelden zum neuen König. Da Forchheim immer eine Grenzstadt Bambergs gegen die Markgrafen war, wurde die Stadt mit einer bedeutenden Wehranlage umgeben. Obwohl im 19. Jahrhundert rücksichtslose Abbrucharbeiten stattfanden, haben sich beachtliche Teile der Befestigung erhalten. Sie stammen zum Teil noch aus dem 16. Jahrhundert, zum Teil jedoch auch aus der Barockzeit. Erst 1838 verlor die Stadt ihre Festungseigenschaft, blieb aber bis 1882 Garnisonsstadt. Auch wirtschaftlich spielte Forchheim bereits im Mittelalter eine bedeutende Rolle. Die größte und reichste Zunft waren die Büttner und Brauer. Das wirkt sich bis auf den heutigen Tag aus. Ende Juli feiert man das Annafest. Am Stadtrand, versteckt im Laubwald finden sich mehr als ein Dutzend Bierkeller. Während des zehntägigen Festes sind alle geöffnet und Tausende von Menschen schieben sich durch die Gassen des Kellerwaldes. Die Entstehung des Annafestes geht auf die alte Tradition zurück, dass am Annatag die Forchheimer Katholiken zur Annakirche nach Weilersbach wallfahrten. Auf dem Rückweg kehrte man in den Kellern ein und die daheimgebliebenen Familienmitglieder kamen mit Brotzeiten dazu. Daraus wäre noch kein Fest geworden, hätten nicht die königlich-privili-gierte Schützengesellschaft 1840 ihre Schießstätte in den Kellerwald verlegt und ihr Hauptschießen auf den Annatag gelegt.

Markenzeichen Forchheims ist der Marktplatz, der vom impo-

Der Rathausplatz in **Forch-heim** *mit dem Rathaus (links) und dem Magistratsbau aus dem Jahr 1535 daneben.*

santen Fachwerkrathaus mit dem Magistratsbau beherrscht wird. Der Forchheimer Zimmermann Hans Ruhalm hat die derb geschnitzte Fachwerkfassade gestaltet und sich selbst nebst manch witzigem Detail dargestellt, so z. B. einer Figur, die dem Betrachter das nackte Hinterteil zuwendet. Im Rathaus selbst spukt der „Rathauspöpel“, jener unselige Bürgermeister der Stadt, der sich nach Unterschlagungen und unlauterer Geschäftsführung umbrachte. Er töst nachts durch das Gemäuer und wühlt in Akten und Unterlagen, ohne zu finden, was er sucht. Wenn er mit feurigen Augen am obersten Fenster des Rathauses erscheint, so wird ein Ratsherr sterben. Wenn er jedoch die Uhr des Rathauses um Mitternacht dreizehnmal schlagen lässt, so bedeutet das den Tod des Bürgermeisters, so die Überlieferung.

Unmittelbar hinter dem Rathaus steht die Stadtpfarrkirche St. Martin. 890 wird sie als königliche Eigenkirche erstmals erwähnt. Nicht zuletzt wegen ihres hohen Alters vereinigt sie die verschiedensten Baustile. Das reicht von romanischen Resten über die Gotik bis zu einer Barockisierung. Die Ausstattung, besonders die mittelalterlichen Stücke, sind zum Teil sehr anspruchsvoll. Der Bamberger Hofmaler Wolfgang Katzheimer malte 1480-85 acht Tafeln mit Darstellungen der Passion und der Martinslegende, die zum ursprünglichen Hochaltar gehörten. Bemerkenswert auch 12 Holzapostel um 1500, die ebenfalls aus einer Bamberger Werkstatt stammen. Unter den zahlreichen Epitaphien wäre das von Hans Werner für die Familie Groß-Pfersfelder um 1590 gearbeitete Grabmal hervorzuheben. *„Unser Herrgotts Läng“* nennt man einen 2,5 Meter großen Schmerzensmann aus der Mitte des 14. Jahrhunderts, der in einer Nische außen an der Kirche angebracht ist.

Vom Hauptportal der Kirche gelangt man durch die Kapellenstraße direkten Weges zum Bischofsschloss, das als „Kaiserpfalz“ bekannt ist. Doch mit dieser Bezeichnung sollte man vorsichtig sein. Denn das heutige Gebäude wurde im 14. Jahrhundert als völliger Neubau durch den Bamberger Bischof Lampert von Brunn errichtet und zwar nicht an der Stelle der alten Kaiserpfalz. Die quadratische Anlage wird von einem Graben umgeben. Die beiden Hauptgebäude stehen parallel nebeneinander und sind mit Gängen verbunden. Von höchster Bedeutung sind die erhaltenen Wandmalereien des 14. Jahrhunderts.

Etwa dreihundert Meter vom Rathausplatz entfernt steht über der Wiesent das Katharinenspital. Die Spitalkirche bildet zusammen mit dem Spitalgebäude eine der malerischsten Ansichten der ganzen Stadt. Die Ursprünge gehen auf eine Antoniterniederlassung des 12. Jahrhunderts zurück. Die Stiftung wurde von frommen Bürgern gefördert, die dadurch ihr Seelenheil zu retten gedachten. Aufgenommen wurden alte und gebrechliche Leute, die als Pfründner hier ihren Lebensabend verbrachten und gepflegt wurden. Ihr Hab und Gut ging nach ihrem Ableben in den Besitz des Spitals über. In der zugehörigen Kapelle findet sich eine der ältesten Holzplastiken der Umgebung, ein Hl. Antonius aus dem frühen 14. Jahrhundert.

Kuriose Besonderheit für Forchheim ist die Überlieferung, dass hier Pontius Pilatus geboren sei. Nach einer Klosterchronik von 1156 aus Petershausen stammte der Name des Mannes von seiner Mutter Pila und dem mutmaßlichen Vater Atus. Weiter heißt es: *„Dort wo Pilatus geboren ist, bringt die Erde gar keinen Samen hervor.“* An der Festungsmauer von Forchheim ist folgender Gedenkspruch eingemeißelt: *„Vorchemii natus est Pontius ille Pilatus/Teutonicae gentis, crucifixor omnipotentis“* (In Forchheim wurde jener deutschstämmige Pontius Pilatus geboren, der den Allmächtigen kreuzigen ließ). Viele Fremde, die im Mittelalter von dieser Geschichte hörten, waren verwundert. Unter ihnen auch Papst Pius II. (1405-64). Ein Flurname zwischen Hausen und Burk führt die Bezeichnung „Pilodes“. Die Sage berichtet, dass Pilatus hier eine legendäre Stadt habe bauen

Die gut erhaltene Kirchenburg von **Effeltrich** *gehört zu den schönsten in Franken.*

lassen, die nach der Kreuzigung Christi untergegangen sei. Würde sich einmal das Dorf Hausen so weit ausdehnen, dass ein Hahn auf diesen Acker käme, so würde er den Kirchturm ausscharren und die Stadt würde wieder auferstehen. Hausen erhebt von jeher Anspruch darauf, der eigentliche Geburtsort von Pilatus zu sein, doch konnte der Beweis noch nicht geführt werden. Die Forchheimer hingegen zeigten als Zeugnis der Richtigkeit jahrhundertelang im Rathaus die angeblichen Hosen des Pilatus. Allerdings mussten sie manchen derben Scherz ob dieser Geschichte hinnehmen. Sie antworten dann mit Humor: *„Der Götz-vo-Berlichinga-Gruß der haaßt in Forchheim Pontius“*, so Eugen Skasa-Weiß in einem Aufsatz für Merian.

Südlich von Forchheim liegt **Effeltrich.** Hier findet sich ein Kleinod erster Güte, eine der besterhaltenen Kirchenburgen Frankens. Effeltrich war während des 1. Markgrafenkrieges zweimal durch die Nürnberger geplündert worden. Grund genug 1470-90 die Kirchenburg zu errichten. Die Dorfbewohner schufen sich durch die Befestigung ihres Gottesackers und die wehrhafte Ausstattung ihrer Kirche einen letzten Zufluchtsort. Es war die einzige Möglichkeit, sich zu schützen, denn nur Städte durften sich ummauern. Das Stadtrecht zu erhalten, war für eine Kleinsiedlung wie Effeltrich jedoch unmöglich.

Neben bemerkenswerten Kunstwerken aus vergangenen Zeiten kann man in der Kirche auch moderne Kunst bestaunen. Der Künstler Emil Wachter (geb. 1921) aus Karlruhe schuf 2002 für das Chorgestühl Szenen aus der Schöpfung des Alls bis hin zur Vollendung des Reiches Gottes. Interessant ist die Technik. Die Bilder sind in Öl auf Messingplatten gemalt.

Ein besonderer touristischer Anziehungspunkt ist neben der Wehrkirche auch die 1000-jährige Dorflinde. Sie hat einen Kronenumfang von 60 Metern und eine Stammstärke von fast 2 Metern. Damit ist sie eines der bedeutendsten Naturdenkmale Frankens. Tausend Jahre ist sie zwar noch nicht, aber achthundert werden es schon sein. Die Zeiten sind schlecht für Naturdenkmäler. Umweltschäden haben ihr arg zugesetzt, so daß man 1978 durch einen Fachmann für ca. 11.000 Euro Pflegemaßnahmen vornehmen lassen musste. Die weit ausladende Krone wird schon seit 1905 durch ein Holzgerüst gestützt. Früher war die Linde Zentrum des Dorfes, Tanzboden, Platz für Ratssitzungen, Gerichtsort. Auch heute noch kann man unter dem mächtigen Baum auf Bänken den Schatten genießen.

Kaum ein Ort der Fränkischen Schweiz ist noch so reich an alten Bräuchen. Jeden Ostermontag z. B. lockt der Georgiritt zu Ehren des Kirchenpatrons zahlreiche Besucher an. Die Fronleichnamsprozession gehört zu den schönsten im weiten Umkreis. Jungfrauen in der einzigartigen Effeltricher Brauttracht mit prachtvollen Kronen tragen die Statuen durch den Ort. Bekannt ist auch das „Fosaleggen“ am Faschingssonntag, das den Winter austreiben soll. Der Winter ist eine Strohpuppe, der man übel mitspielt, bevor man sie früher ins benachbarte Baiersdorf schleppte und dort in der Regnitz ertränkte.

In einer Urkunde von 1121 wird der Ort erstmals erwähnt. Sein Name damals: „Affeltere“, Apfelerde. Die Erde rund um das Dorf ist offenbar wirklich besonders fruchtbar und gut. Davon zeugen zahllose Baumschulen und die Obstbaumzucht ist heute noch eine Besonderheit. In den Sommermonaten stehen an den Einfahrtsstraßen ins Dorf viele Bauern und verkaufen kiloweise Kirschen, Äpfel und andere Früchte.

Wenige Kilometer von Effeltrich Richtung Norden, in außergewöhnlich schöner Lage auf einem vorgeschobenen Bergrücken findet sich das Dorf **Pinzberg.** Eine spätmittelalterliche Wehrkirchenanlage wurde in der Barockzeit umgebaut und kein geringerer als Balthasar Neumann wurde dafür zu Rate gezogen. Äußerlich völlig unscheinbar fesselt die Kirche jedoch durch ihre Innenausstattung, die für die Raumgröße fast ein bisschen reichlich dimensioniert ist. Man ist geneigt zu fragen, wo denn neben all den Figuren, Engelchen, Kanzel, Taufbecken und Altären die Gläubigen noch Platz finden sollen. Die Schnitzwerke stammen vom Bamberger Hofbildhauer Bernhard Kamm, ein Meister seines

Schloss **Wiesenthau** *zu Füßen des „Walberla“.*

Blick vom Rodenstein zum „Walberla“, gemeinsam bilden die beiden Erhebungen die **Ehrenbürg.**

Faches. Besonders sehenswert die beiden Seitenaltäre mit den 12 Aposteln, beziehungsweise den 14 Nothelfern. Doch nicht genug mit den Schnitzwerken, wurde die Kirche noch vom Bamberger Hofstukkateur Franz Jakob Vogel und dem Hofmaler Scheubel dekoriert. Die Nikolauskirche in Pinzberg ist allemal eine Überraschung und einen Besuch wert.

Unweit Pinzberg liegt **Wiesenthau** mit einem beeindruckenden mittelalterlichen Schlossbau. Der Ort ist uralt. Erstmals 1062 als „Wisentouua“ erwähnt bleiben Ort und Schloss bis 1805 Besitz der Herren von Wiesenthau. Das Schloss wurde mehrfach zerstört. In der heutigen Form entstand es durch den Wiederaufbau nach den Reformationskriegen im 16. Jahrhundert. Schloss Wiesenthau gehört zu den bedeutendsten Renaissanceschlössern des Hochstifts. Das Schloss liegt zu Füßen des „Walberla“. Architektur und Naturlandschaft gehen hier eine wunderbare Liaison ein. Die Anlage ist umfassend saniert und im Sommer kann man im Innenhof einen schönen Biergarten besuchen.

Wie eine Hintergrundkulisse von Wiesenthau erhebt sich die **Ehrenbürg,** das sogenannte **„Walberla“.** Es handelt sich um einen prägnanten Tafel- oder Zeugenberg, der besonders zur Kirschblütenzeit an Attraktivität kaum zu übertreffen ist. Dann feiert man das „Walberla-Fest“, das bis ins 14. Jahrhundert zurückreicht und zu dem alljährlich Tausende von Menschen auf den Berg strömen.

„Ob Vorchheim bei Kirchehrenbach – woll'n wir zu Berge steigen – dort schwingt sich am Walpurgistag – der Franken Maimarktreigen. – Der ist seit grauer Heidenzeit – noch allem Landvolk teuer; – Schatzkind, halt Gürtel fest und Kleid – wir springen durch die Feuer“, so dichtet 1859 Viktor von Scheffel.

Bizarre Felsen, die Walpurgiskapelle und eine fantastische Aussicht, locken jedes Jahr viele Besucher aufs „Walberla".

Die Auffälligkeit des Berges hat sogar Albrecht Dürer inspiriert, in der Radierung „Die große Kanone" das Walberla in den Hintergrund zu setzen.
Bereits in vorgeschichtlicher Zeit lockte die günstige Lage Siedler an, die den Berg nahezu uneinnehmbar zu befestigen wussten. Damals gab es auf dem Berg eine heidnische Kultstätte, die im Christentum durch eine Bergkapelle ersetzt wird. Seit dem 13. Jahrhundert wissen wir von einer Walpurgiskapelle, die dem Berg zu seinem Spitznamen verhalf. Die Legende berichtet, dass die Hl. Walpurga mit ihren Brüdern Willibald und Wunibald im Gefolge des Hl. Bonifatius aus England in das noch heidnische Franken kam. Als sie auf der Ehrenbürg eine Kapelle bauen wollte, warfen heidnische Geister Steine auf sie. Doch es gelang ihr wundersam, die Geister zu bändigen und sie zur Mithilfe am Bau der Kapelle zu zwingen. Dafür gab sie ihnen einmal im Jahr, in der ersten Nacht im Mai, ihre Freiheit wieder und seitdem feiern in dieser „Walpurgisnacht" Teufel und Hexen ihre ausgelassenen Feste auf dem Berg. Hier überschneiden sich sinnfällig der heidnische Brauch des Frühlingsfestes, mit christlichen Überlieferungen.

Zu Füßen der Ehrenbürg liegt im Norden **Kirchehrenbach.** Der Ort wurde bereits 1007 in den Bamberger Stiftungsurkunden Heinrichs II. erwähnt. Seit 1180 ist ein Pfarrer im Ort bezeugt. Wenig später errichtete man eine prächtige Kirche, von der der Turmunterbau erhalten blieb. Der Bamberger Stadtbaumeister Martin Mayer hat in der 2. Hälfte des 18. Jahrhunderts einen imposanten Neubau gestaltet. Er kopiert das Vorbild der Buttenheimer Kirche und damit den bedeutenden Architekten Michael Küchel. Die Innenausstattung ist reinstes Rokoko und stammt im wesentlichen vom Bamberger Künstler Franz Martin Mutschele und dem Ebermannstädter Bildschnitzer Theiler.

Die **„Vexierkapelle" von Reifenberg** nicht weit von Kirchehrenbach ist von vielen Punkten der Umgebung zu sehen und immer sieht sie ein bisschen anders aus. Daher hat sie ihren Namen. Sie steht auf einem steilen Berg am rechten Wiesentufer. Die Lage ist wie geschaffen für eine Burg und so wundert es nicht, dass neben der Kapelle tatsächlich Reste einer Befestigungsanlage zu finden sind. Es ist nicht die kleine Kirche, die auf den Berg zieht, sondern der unvergleichliche Blick über das Tal.

Die „Vexierkapelle" von Reifenberg.